दो पंक्तियों के बीच

[कविता]

दो पंक्तियों के बीच

राजेश जोशी

राजकमल प्रकाशन

ISBN : 978-81-267-0838-3

मूल्य : ₹ 395

पहला संस्करण : 2000
पाँचवाँ संस्करण : 2022

प्रकाशक : राजकमल प्रकाशन प्रा.लि.
1-बी, नेताजी सुभाष मार्ग, दरियागंज
नई दिल्ली–110 002

शाखाएँ : अशोक राजपथ, साइंस कॉलेज के सामने, पटना–800 006
पहली मंजिल, दरबारी बिल्डिंग, महात्मा गांधी मार्ग, प्रयागराज–211 001
36-ए, शेक्सपियर सरणी, कोलकाता–700 017

वेबसाइट : www.rajkamalprakashan.com
ई-मेल : info@rajkamalprakashan.com

मुद्रक : बी.के. ऑफसेट
नवीन शाहदरा, दिल्ली–110 032

DO PANKTIYON KE BEECH
Poems by Rajesh Joshi

मलय जी
नरेश सक्सेना
और
विजय कुमार के लिए

कविता-क्रम

दो पंक्तियों के बीच

कविता की दो पंक्तियों के बीच मैं वह जगह हूँ
जो सूनी सूनी सी दिखती है हमेशा

यहीं कवि की अदृश्य परछाईं घूमती रहती है अक्सर
मैं कवि के ब्रह्मांड की एक गुप्त आकाशगंगा हूँ
शब्द यहाँ आने से अक्सर आँख चुराते हैं
हड़बड़ी में छूट गई कोई सहायक क्रिया या कोई शब्द
कभी कभार उठंगा सा आकर बैठ जाता है किसी किनारे पर
अनुस्वार और कुछ मात्राएँ झाँकती रहती हैं मेरी परिधियों से
शब्दों से छन छनकर गिरती रहती हैं यहाँ कई ध्वनियाँ
कभी कभी तो शब्दों के कुछ ऐसे अर्थ भटकते हुए
चले आते हैं यहाँ
बिगड़ैल बच्चों की तरह जो भाग गए थे बहुत पहले
अपना घर छोड़ कर

जैसी दिखती हूँ
उतनी अकंपित उतनी निर्विकार-सी जगह नहीं हूँ
एक चुप हूँ जो आ जाती है बातचीत के बीच अचानक
तैरते रहते हैं जिसमें बातों के छूटे हुए टुकड़े
कई चोर गलियाँ निकलती हैं मेरी गलियों से
जो ले जा सकती हैं
सबसे छिपाकर रखी कवि की एक अज्ञात दुनिया तक
बेहद के इस अरण्य में कुलाँचें मारती रहती हैं
कितनी ही अनजान-सी छवियाँ

शब्दों की ऊँची आड़ के बीच मैं एक खुला आसमान हूँ
कवि के मन्सूबों के उक़ाब जहाँ भरते हैं लम्बी उड़ान
अदृश्य की आड़ के पीछे छिपी हैं यहाँ कुछ ऐसी सुरंगें
जो अपने गुप्त रास्तों से
शब्दों की जन्म-कथा तक ले जाती हैं

यहाँ आने से पहले अपने जूते बाहर उतार कर आना
कि तुम्हारे पैरों की कोई आवाज़ न हो
एक ज़रा सी बाहरी आवाज़ नष्ट कर देगी
मेरे पूरे जादुई तिलिस्म को !

25.8.99

अधूरी कविताएँ

अधूरी कविताएँ देखती रहती हैं एकटक अपनी अन्तिम पंक्ति के बाद
काग़ज़ पर रह गई खाली जगह को

उम्मीद करती हैं अधूरी कविताएँ कि वे कभी न कभी पूरी की जाएँगी
कहीं न कहीं किसी कविता में काम आ जाएँगी उनकी पंक्तियाँ
कई दिनों तक बीच बीच में खटखटाती हैं वे हमारे दरवाज़े
जैसे याद दिलाती हों कि हम यहीं हैं आसपास !
ईर्ष्या के कारण शायद कई बार वे नई कविताओं को आने से रोकती हैं

कोई नई पंक्ति आने आने को होती है
कि तेज़ी से उसे धकियाती हुई आ जाती है कोई बिसरी हुई अधूरी कविता

वे चारागाह में खो गई गाएँ हैं जो रास्ता तलाशती हुई एक दिन
आ जाती हैं वापस और बंद दरवाज़ों के बाहर रँभाती हैं
वे बेचैन आत्माएँ हैं भटकती हुई हमारे आसपास

हमेशा लेकिन ऐसा नहीं होता
कभी कभी वे पड़ी रहती हैं बहुत चुपचाप किसी काग़ज़ के कोने में
दिनों, महीनों और कभी कभी तो जीवन भर
हमारी विस्मृतियों में जाकर वे कहीं छिप जाती हैं
कई बार तो कई कई बार बुलाना पड़ता है उन्हें
और वे फिर भी नहीं आतीं
अपने अधूरे होने का अहसास या अधूरेपन का दर्प
ऐसा ज़िद्‌दी बना देता है उन्हें

कि वे टस से मस नहीं होतीं अपनी जगह से

वे कुछ कहती नहीं हैं पर लगता है जैसे कहती हों
हम आधे अधूरे ही ठीक हैं
कौन सी कविता है ऐसी जो पूरी की पूरी आई हो धरती पर
जैसे तैसे कुछ जोड़ घटा कर पूरी या पूरी-सी कर ली जाती हैं अक्सर कविताएँ

यूँ भी दुनिया में सबसे बड़ी तादात अधूरी कविताओं की है
पूरी कविताओं में भी कहीं न कहीं बचा ही रहता है एक अधूरापन
हर मुकम्मिल कविता को लिखना चाहता है
दूसरा कवि दूसरी तरह
और मज़ा यह है कि ऐसा करके न पहला संतुष्ट होता, न दूसरा
हर कवि को हमेशा ही लगता है कि कविता में कहीं कुछ छूट गया है
जो होना था...हो सकता था...।

20.4.98

इत्यादि

कुछ लोगों के नामों का उल्लेख किया गया था जिनके ओहदे थे
बाक़ी सब इत्यादि थे

इत्यादि तादात में हमेशा ही ज़्यादा होते थे
इत्यादि भाव ताव करके सब्ज़ी खरीदते थे और खाना वाना खाकर
खास लोगों के भाषण सुनने जाते थे
इत्यादि हर गोष्ठी में उपस्थिति बढ़ाते थे
इत्यादि जुलूस में जाते थे तख्तियाँ उठाते थे नारे लगाते थे
इत्यादि लंबी लाइनों में लग कर मतदान करते थे
उन्हें लगातार ऐसा भ्रम दिया गया था कि वे ही
इस लोकतन्त्र में सरकार बनाते हैं
इत्यादि हमेशा ही आंदोलनों में शामिल होते थे
इसलिए कभी कभी पुलिस की गोली से मार दिये जाते थे

जब वे पुलिस की गोली से मार दिये जाते थे
तब उनके वो नाम भी हमें बतलाये जाते थे
जो स्कूल में भर्ती करवाते समय रखे गए थे
या जिससे उनमें से कुछ पगार पाते थे
कुछ तो ऐसी दुर्घटना में भी इत्यादि ही रह जाते थे

इत्यादि यूँ तो हर जोखिम से डरते थे
लेकिन कभी कभी जब वो डरना छोड़ देते थे
तो बाक़ी सब उनसे डरने लगते थे
इत्यादि ही करने को वो सारे काम करते थे

जिनसे देश और दुनिया चलती थी
हालाँकि उन्हें ऐसा लगता था कि वो ये सारे काम
सिर्फ अपना परिवार चलाने को करते हैं

इत्यादि हर जगह शामिल थे पर उनके नाम कहीं भी
शामिल नहीं हो पाते थे
इत्यादि बस कुछ सिरफिरे कवियों की कविता में
अक्सर दिख जाते थे।

5.9.99

सहायक क्रिया

हमारी भाषा की कुछ बनक ही ऐसी है
कि बिना सहायक क्रिया के उसका काम लगभग नहीं चलता

हमारे व्याकरण में उसकी सात किस्में हैं सात दिनों जैसी
जो बिना कुछ जतलाए क्रिया के अधूरे काम को
पूरा करती रहती हैं चुपचाप
वाक्य में वह अपने आप तलाश लेती है अपनी जगह
उसकी जगह में बहुत ज्यादा हेरफेर संभव नहीं
फिर भी कुछ आगे पीछे कर देने को वह अक्सर सह लेती है
कभी कभी पीछे से उठकर वह आगे आ जाती है
तो पूरे वाक्य को प्रश्नवाचक मुद्रा में बदल देती है
काल को चिह्नित करती सहायक क्रिया अक्सर
शब्दों की पाँत में इस तरह अन्त में आकर बैठती है
जैसे वह एक गरीब पाहुना हो
जो सिकुड़ कर बैठा हो पंगत के आखिरी कोने पर

अक्षरों और मात्राओं के हिसाब से वह एक बहुत छोटी इकाई है
बहुत छोटी है उसकी आवाज़
लेकिन फिर भी सुनाई देती है वह सबसे ज़्यादा
संगीत के लिए एक समय तक उसे बड़ी अड़चन माना जाता रहा
एक समय तो ऐसा भी था हमारी भाषा में
कि गीत और प्रगीत लिखने वाले बड़े-बड़े दिग्गज
हकाल देना चाहते थे उसे भाषा से बाहर

भाषा के कुशल करतबबाज़ों ने बहुतेरी कोशिश की
वाक्य से उसे बाहर रखने की
पर जीवन के व्यापक गद्य में उसकी उपस्थिति बनी रही लगातार
जब जब उसको बाहर रखने की कोशिश होती है
भाषा कुछ डरी डरी सी मरघिल्ली सी लगने लगती है
उसके आने से पूरे पद में एक अजब ठसक सी पैदा हो जाती है

कभी-कभी वक्ता के मन्तव्यों की व्यंजना भी छिपी रहती है उसमें
शासक़ अपने आदेशों में वृत्तिक सहायक क्रिया का
इस्तेमाल करते हैं अक्सर
संशय की गुंजाइश कम हो जाती है वाक्य में उसके आ जाने से

वह जितनी चुप चुप सी लगती है उतनी ही ज़िद्दी भी है
वह चाहे तो गड़बड़ा सकती है पूरे वाक्य को
अकेले !!

27.8.99

हमारी भाषा

भाषा में पुकारे जाने से पहले वह एक चिड़िया थी बस
और चिड़िया भी उसे हमारी भाषा ने ही कहा
भाषा ने ही दिया उस पेड़ को एक नाम
पेड़ जबकि हमारी भाषा से परे सिर्फ एक पेड़ था
और पेड़ भी हमारी भाषा ने ही कहा उसे
इसी तरह वे असंख्य नदियाँ, झरने और पहाड़
कोई भी नहीं जानता था शायद
कि हमारी भाषा उन्हें किस नाम से पुकारती है

उन्हें हमारी भाषा से कोई मतलब नहीं था
भाषा हमारी सुविधा थी
हम हर चीज़ को भाषा में बदल डालने को उतावले थे
जल्दी से जल्दी हर चीज़ को भाषा में पुकारे जाने की ज़िद
हमें उन चीज़ों से कुछ दूर ले जाती थी
कई बार हम जिन चीज़ों के नाम जानते थे
उनके आकार हमें पता नहीं थे
हम सोचते थे कि भाषा हर चीज़ को जान लेने का दरवाज़ा है
इसी तर्क से कभी कभी कुछ भाषाएँ अपनी सत्ता कायम कर लेती थीं
कमजोरों की भाषा कमज़ोर मानी जाती और वह हार जाती थी
भाषाओं के अपने अपने अहंकार थे

पता नहीं पेड़ों पत्थरों पक्षियों नदियों झरनों हवाओं और जानवरों के पास
अपनी कोई भाषा थी या नहीं
हम लेकिन लगातार एक भाषा उनमें पढ़ने की कोशिश करते थे

इस तरह हमारे अनुमान उनकी भाषा गढ़ते थे
हम सोचते थे कि हमारा अनुमान ही सृष्टि की भाषा है
हम सोचते थे कि इस भाषा से
हम पूरे ब्रह्मांड को पढ़ लेंगे !

25.4.98

खोई हुई चीज़ें

वहाँ बरसों से खोई हुई चीज़ें इकट्ठी थीं
और एक भूत उनकी रखवाली करता था

इतनी साधारण चीज़ें वहाँ थीं जिन्हें कभी का भुला दिया गया था
चिड़िया के आकार की वह सीटी वहाँ थी
जिसमें आधा पानी भरकर बजाओ तो बुलबुल की तरह बोलती थी
कालेज के दिनों में मैं पेड़ों के झुरमुट में छिपकर उसे बजाता था
तो आसपास से गुज़रती लड़कियाँ हैरत से देखती थीं इधर उधर

बचपन की एक फोटो में मैं जिस तीन पहिए की साइकिल पर बैठा था
वो साइकिल वहाँ पड़ी थी धूल से अँटी हुई
उसका एक पहिया निकल गया था और रंग उखड़ गया था जगह जगह से
घिस घिस कर इतनी छोटी हो चुकी पेन्सिलें थीं कि जिन्हें
और अधिक छीला जाना संभव नहीं था
वहाँ बचपन की ड्राइंग कापियाँ थीं जिनके हर चित्र में
पेड़ हरे थे और उगता हुआ सूरज था
तब शायद हमने नहीं सोचा था कि हमारी दुनिया में
इतना अँधेरा भी होगा कभी

बरसों पहले खो चुके खिलौने थे
पतंगें थीं, उनकी घिर्रियाँ थीं माँजे और डोर से भरी हुई
वहाँ कुछ पुरानी घड़ियाँ थीं जिनके बारे में कहा जाता था
कि वे चोरी चली गई थीं
उनमें वो समय अभी तक ठहरा हुआ था

वहाँ बहुत सारी तस्वीरें और उनके नेगेटिव्स थे
खो चुके समय और खो चुके लोगों के

बीत गया समय अभी भी वहाँ था
उस पर कुछ धूल जमी थी और वो थोड़ा पीला पड़ गया था

खोई हुई उन असंख्य चीज़ों की एक भूत रखवाली करता था
वो भूत खुद भी एक खोया हुआ पात्र था
जो हमारी बचपन की कहानियों से कहीं खो गया था बहुत पहले

उस भूत ने एक दिन मुझसे कहा कि मैं इस किले से बाहर जाना चाहता हूँ
लेकिन इस किले के दरवाज़े की चाबी मैं कहीं खो बैठा हूँ !

6.4.98

बीसवीं सदी के अन्तिम दिनों का एक आश्चर्य

बीसवीं सदी के अन्तिम दिनों में एक बूढ़ा आदमी
जिसकी उम्र लगभग अस्सी पार कर चुकी थी
और जिसकी कोई ज़मीन जायदाद नहीं थी
एक महानगर में गया
जहाँ उसके कुछ रिश्तेदार और एक दोस्त रहता था

पहले भी इस महानगर में वह आता जाता रहता था
पहले जब आता था तो बड़े भाई के घर ही रुकता था
तीन बरस पहले पर उसका बड़ा भाई गुज़र गया
उसके बाद पहली बार ही वो आया था इस बार
कुछ सकुचाता सा
वह अपने भतीजे के पास जाकर उसी घर में रुका
जहाँ भाई के रहते आता जाता रहता था
भतीजा और उसकी बीवी वैसा ही खयाल रखते थे उसका
जैसा रखते थे वे पहिले

तीन या चार दिन ही बीते होंगे कि फोन आया
उसकी भांजी का जो इसी शहर में रहती थी
तीन दिन हो गए आपको अपने भतीजे के पास रहते
आप हमारे घर कब आएँगे ?
और हाँ, सिर्फ मिलने नहीं,
जितने दिन आप रुके हैं उस घर में उतने दिन तो
कम से कम रुकना ही होगा हमारे घर भी

फिर एक दिन उसके चचेरे भाई का अचानक फोन आया
क्या जीवन भर मुझको सौतेला ही समझोगे
भैया थे तो मेरा जोर कभी चला नहीं
लेकिन अब भी ठहरे हो तुम भैया के ही घर में
अगर तुम तत्काल मेरे यहाँ नहीं आए
तो अपहरण कर लूँगा मैं तुम्हारा

फिर एक दिन दोस्त का फोन आया और उसने
जी भरकर गालियाँ दीं बूढ़े को

बीसवीं सदी के अन्तिम दिनों में हो रहा था यह सब
और वह भी एक महानगर में
बूढ़ा अंदर ही अंदर भीगता जाता था
बुदबुदाता था...अभी सब कुछ नष्ट नहीं हुआ है...
वो अकेले बैठ कर कहीं रोना चाहता था
उसे याद आ रहे थे बचपन के दिन और बचपन का गाँव।

4.12.98

रुको बच्चो

रुको बच्चो रुको
सड़क पार करने से पहले रुको

तेज़ रफ़्तार से जाती इन गाड़ियों को गुज़र जाने दो

वो जो सर्र...से जाती सफेद कार में गया
उस अफ़सर को कहीं पहुँचने की कोई जल्दी नहीं है
वो बारह या कभी कभी तो इसके भी बाद पहुँचता है अपने विभाग में
दिन महीने और कभी कभी तो बरसों लग जाते हैं
उसकी टेबिल पर रखी ज़रूरी फाइल को खिसकने में

रुको बच्चो !
उस न्यायाधीश की कार को निकल जाने दो
कौन पूछ सकता है उससे कि तुम जो चलते हो इतनी तेज़ कार में
कितने मुकदमे लम्बित हैं तुम्हारी अदालत में कितने साल से
कहने को कहा जाता है कि न्याय में देरी न्याय की अवहेलना है
लेकिन नारा लगाने या सेमीनारों में
बोलने के लिए होते हैं ऐसे वाक्य
कई बार तो पेशी दर पेशी चक्कर पर चक्कर काटते
ऊपर की अदालत तक पहुँच जाता है आदमी
और नहीं हो पाता है इनकी अदालत का फैसला

रुको बच्चो, सड़क पार करने से पहले रुको
उस पुलिस अफ़सर की बात तो बिलकुल मत करो

वो पैदल चले या कार में
तेज़ चाल से चलना उसके प्रशिक्षण का हिस्सा है
यह और बात है कि जहाँ घटना घटती है
वहाँ पहुँचता है वो सबसे बाद में

रुको बच्चो रुको
साइरन बजाती इस गाड़ी के पीछे पीछे
बहुत तेज़ गति से आ रही होगी किसी मंत्री की कार
नहीं नहीं उसे कहीं पहुँचने की कोई जल्दी नहीं
उसे तो अपनी तोंद के साथ कुर्सी से उठने में लग जाते हैं कई मिनिट
उसकी गाड़ी तो एक भय में भागी जाती है इतनी तेज़
सुरक्षा को एक अंधी रफ़्तार की दरकार है
रुको बच्चों
इन्हें गुज़र जाने दो

इन्हें जल्दी जाना है
क्योंकि इन्हें कहीं नहीं पहुँचना है।

23.11.98

ज़हर के बारे में कुछ बेतरतीब पंक्तियाँ

अनेक औषधियों और उपचार की कई नई और पुरानी
पद्धतियों में काम आता है ज़हर

इस जानकारी का एक फ़ायदा तो यह है
कि ज़हर जैसे लफ्ज़ के साथ जो एक सनसनी सी जुड़ी है
उससे निज़ात पाई जा सकती है और
इस जानकारी के मद्‌देनज़र एक आम राय बनाई जा सकती है ज़हर के पक्ष में
कुछ कुछ उसी तरह जैसे कहा जाता है नई आर्थिक नीति के बारे में
आम राय उसके पक्ष में है

बहरहाल हम फिर मुद्‌दे पर आएँ और
ज़हर के बारे में कुछ विचार करें
और विषयान्तर से थोड़ा बचा जा सके तो बेहतर होगा
फ़िलहाल ज़हर के ख़तरों का ज़िक्र थोड़ी देर को टाल दें
उन लोगों का ज़िक्र भी थोड़ी देर को मुल्तवी रखें
जो ज़िंदगी से तंग आकर इसका उपयोग कर डालते हैं
और कूच कर जाते हैं दुनिया जहान से
फ़िलहाल उस ज़हर के बारे में बात करने को भी टाला जा सकता है
जो जैसा कि सभी जानते हैं मिलाया जा रहा है
हमारी हवा पानी और रोटी में
यहाँ उस ज़हर के बारे में भी कोई वक्तव्य नहीं दूँगा
जो धीरे धीरे मार रहा है हमारी आज़ादी को

धीमा ज़हर कई चीज़ों में पाया जाता है

तथ्यात्मक रूप से चाहे ग़लत हो पर कहा तो यहाँ तक जाता है
कि कुछ लोगों की बातों में भी यह मौजूद होता है

(सत्ताएँ इस ज़हर के बारे में बहुत अच्छी तरह जानती हैं
और इसका उपयोग करने में बहुत हुनरमंद होती हैं)
धीमे ज़हर की यह तासीर होती है
कि वह बहुत धीरे धीरे खत्म करता है जीवन को
क्या इस तर्क के आधार पर
समय को एक धीमा ज़हर कहा जा सकता है ?

ज़हर में भय और सनसनी से भरा
एक अजीब किस्म का अद्भुत सा सम्मोहन होता है
कुछ ज़हर ऐसे होते हैं जो जबान पर धरते ही
कर डालते हैं काम तमाम
कुछ मंथर गति से चलते हैं दबे पाँव
ऐसे ज़हर अक्सर बहुत लुभावने और स्वादिष्ट होते हैं
ये कभी कभी आदमी की आदत में शामिल हो जाते हैं
और लत बन जाते हैं एक दिन

ज़हर के स्वाद के बारे में लोगों के अनुभव और मत
बहुत अलग अलग हैं
क्योंकि ज़हर की क़िस्में भी बहुत अलग अलग हैं
इसलिए ऐसा होना स्वाभाविक भी है
कुछ ज़हर मीठे होते हैं और कुछ बहुत कड़वे
यहाँ तक कि कड़वे को ज़हर कहने का भी चलन है हमारी भाषा में
कुछ ज़हर एक सनसनी की तरह चढ़ते और दौड़ते हैं बदन में

हिंसा की उत्तेजना
साँप और बिच्छू को मात कर सकती है हज़ार बार
बहरहाल ज़हर धीमा हो या तेज
वह अपना काम ज़रूर करता है
एक न एक दिन

इन बेतरतीब वाक्यों में एक वाक्य और जोड़ना चाहता हूँ अंत में
ज़हर को ज़हर की तरह बिलकुल नहीं दिया जाता
जब दिया जाता है उसे
किसी समाज को
बड़े पैमाने पर !!

4.2.95

उनका भरोसा

अपने छोटे-छोटे हाथ फैलाते हैं
गिड़गिड़ाते हैं पेट दिखाते हुए कहते हैं वे कई दिन से भूखे हैं
तुम्हें दयार्द्र कर डालने का लगभग हर हथकंडा अपनाते हैं
इतने अभ्यस्त हो चुके हैं हम इन सारे दृश्यों के
कि बस एक खीज पैदा होती है अक्सर
कभी कभी एक हल्की सी भावुकता भी
हमारी पीठ फेरते ही
अपने ही स्वाँग पर जोर जोर से खिलखिलाते हैं
भीख माँगनेवाले बच्चे

फब्तियाँ कसते हैं उस पर जो बिना भीख दिये चला गया
नकल उतारते हैं उसकी जिसने जेब से टटोल कर
निकाला सिक्का
हमारी क्रूरता और दयालुता दोनों ही उनके लिए
एक स्वाँग का विषय है

कैसी भयावह उदासीनता में फेंक दिया है हमने उन्हें
कितना तिक्त है उनका अहसास हमारे समाज के लिए
जिसमें उनका भी एक कोना है, इसी की
परिधि के आसपास

कभी कभी वे एक स्वप्न भी देखते हैं
जिसे हमारे समय की रंगीन आपराधिक फिल्मों ने
रचा है उनके दिमाग़ में
जिस पर उनका भरोसा है कि उस तरह एक दिन
बदल जाएगा उनका भी जीवन !

2.7.95

चाँद के बारे में कुछ पंक्तियाँ

एक ही शातिर चीज़ हैं आप भी चाँद मियाँ
कब तक खेलते रहेंगे लोगों से यह बिना बिसात की शतरंज

ज़ेब देता है आपको क्या इस तरह
रोज़ रोज़ बदलना अपना स्वाँग ?
कभी कभी तो आसमान के विशाल नक़्क़ारखाने में
महज़ एक तूती की तरह लटके हुए नज़र आते हैं आप

आप जो मटरगश्ती करते रहते हैं रात रात भर
गश्त पर निकले सिपाही क्या तंग नहीं करते आपको ?
लगता है बड़ी मार पकड़ है आपकी उस महकमे में
पर एक मशविरा मुफ़्त देता हूँ आपको
आप जैसे चिकने लौण्डों को यूँ नहीं
भटकना चाहिए रात-बिरात
इस शहर की आदतें कुछ ठीक नहीं हैं जनाब

यूँ आपकी परछाईं पड़ी शराब पीने का मज़ा ही कुछ और है
आपको तो याद होगी वह नायिका
जो अपने मधु पात्र में देखकर आपका प्रतिबिम्ब
छेड़ा करती थी आपको
कि 'डरो मत इस मधु में राहू नहीं है
और रोहिणी तो आकाश में रहती है,

कभी कभी जब आप दिखाते हैं अपनी पूरी शक्ल

शुरू हो जाते हैं कई उत्पात
छोटे मोटे चोर-उचक्कों को ज़रूर कुछ नागवार लगता है
आपका इस तरह चमकना
पर कहते हैं कि जरायमपेशा अपराधी
कुछ ज़्यादा ही हरक़त में आ जाते हैं उस दिन
लोगों की धड़कनें तेज़ हो जाती हैं
और समुद्र उछलने लगता है और ज़्यादा ज़ोर से
तटों पर फेंकता घोंघे और सीप

कहते हैं एक समुद्र से ही जन्म लिया था आपने
तो घर से भागे हुए बदमाश बच्चे तो नहीं है आप ?
आपको देखते ही शायद इसीलिए
इतनी उछाल मारता है समुद्र
पर कभी कभी कोई बादल कहीं से तैरता हुआ
जब चला आता है आपके चेहरे के सामने
तब उसकी लहरें लौटने लगती हैं उल्टे पाँव
अँधेरे में सुनाई देती है सिर्फ़
रेत पर उनके पाँव घसीटने की आवाज़

कभी कभी हो जाते हैं आप एकदम ईद के चाँद
कभी कभी आत्ममुग्धता के सुनहरी हाले में क़ैद
लगते हैं आप बेहद अकेले और आत्मलीन

आपकी चाँदनी से लाखों प्रेमियों ने लिखे हैं प्रेम पत्र
और कवियों ने लिखी हैं अनगिनत कविताएँ
पता नहीं क्या बात है आपमें
कि दुनिया के सारे लफंगों सिरफ़िरों
पागलों और कवियों को
लगते हैं आप इतने क़रीब इतने क़रीब
कि बेहद क़रीब !

3.11.98

पानी की आवाज़

पानी का ही जादू था
कि पानी की आवाज़ भी पारदर्शी और तरल लगती थी

बह कर समुद्र की तरफ जाती आवाज़ों में
पहाड़ से उतरकर आने की आवाज़ें भी शामिल थीं
उसके गिरने में उसके उछलने की आवाज़ शामिल थी
उसकी कई आवाज़ों में एक आवाज़
उसके छत से टपकने की भी थी
टपके की जगह पर जब कोई बरतन रख दिया जाता था
तो उसमें छन्न...की एक आवाज़ और जुड़ जाती थी

पानी जहाँ टपकता था
वहाँ पानी का एक फूल खिल जाता था
पानी की आवाज़ में कई आवाज़ें शामिल थीं
माँ की आवाज़ उसमें बार बार सुनाई देती थी
वह आवाज़ अक्सर हमें घर के भीतर बुलाती थी
एक आवाज़ दोस्तों की थी
और एक आवाज़ थी जो हमारे भीतर से आती थी
जो हमें बाहर ले जाती थी

पानी की आवाज़ से जुड़ी थीं न जाने कितनी स्मृतियाँ
पकौड़ों की स्मृति स्वाद बनकर आती थी जबान पर
हमारे बचपन की काग़ज़ की नावें
कहीं दूर जा चुकी थीं

न जाने कहाँ कहाँ भूल आए थे हम अपनी छतरियाँ
तरबतर हो जाने के कुछ किस्से अभी भी हमें गुदगुदाते थे

रात जब नींद से भारी होने लगती थीं आँखें
कहीं दूर से बुलाती थी हमें पानी की आवाज़
फिर धीरे धीरे
हमारे सपनों में शामिल हो जाती थी
पानी की आवाज़ !

7.9.99

धरती के इस हिस्से में

धरती के इस हिस्से में इस समय
सबसे तेज़ आवाज़ें चिड़ियों के चहचहाने की हैं
धरती के इस हिस्से में इस समय
सबसे तेज़ आवाज़ें किनारे से लहरों के टकराने की हैं

इस समय इस हिस्से में समुद्र
किनारे की चट्टान पर अपनी लहर को
एक उस्तरे की तरह घिस रहा है
क्या वो आसमान की दाढ़ी बनाने की तैयारी कर रहा है ?
बहुत पास हल्की हल्की सी डुबुक की छोटी छोटी आवाज़ें हैं
वहाँ मछलियाँ मस्ता रही हैं

धरती के इस हिस्से में इस समय
सबसे तेज़ आवाज़ें पेड़ों के सरसराने की हैं

यहाँ सूर्य धीरे धीरे डूब रहा है
चाँद धीरे धीरे ऊपर चढ़ रहा है
निःशब्द ! बेआवाज़ !!
रतजगे की स्मृतियों में
चाँद के न जाने कितने चेहरे हैं
यह चेहरा लेकिन उन सबसे अलग है

धरती का यह हिस्सा लेकिन एक हिस्सा भर ही है
हमारी धरती का
अफ़सोस !!

4.4.98

छोटी नींद और सपने

जैसे जैसे बढ़ती जाती है उम्र
छोटी हो रही है नींद

देहरी पर खड़ा आने आने को होता है कोई स्वप्न
कि आधी रात अधबीच ही खुल जाती है नींद

जो मेरी नींद में आने को ही निकला था
वो स्वप्न
न जाने कहाँ, किन सड़कों पर भटक रहा होगा इस वक्त
हो सकता है सर्दी की इस ठिठुरती रात में उसने
किसी और की नींद का दरवाज़ा खटखटाया हो
कहा हो : 'कृपा करके मेरी बात सुनें
बात यह है कि मैं तो राजेश जोशी की नींद में जाने को
निकला था पर क्या करूँ उसकी नींद तो आधी रात को
अधबीच ही खुल गई...
उम्र के साथ साथ ऐसा हो जाता है
पर अब मैं समझ नहीं पा रहा हूँ कि मैं रात कहाँ बिताऊँ
अगर आपकी नींद में कोई स्वप्न न हो तो
कृपा करके मुझे अपनी नींद में आने दीजिए'

यह भी हो सकता है कि वो हिचक रहा हो
किसी और की नींद में जाने से

होने को कुछ भी हो सकता है अनन्त संभावनाएँ हैं

हो सकता है वो कहीं न गया हो
लौट गया हो वापस कि फिर किसी रात आएगा

उम्र की इस दुर्घटना में यह भी हो सकता है
एक स्वप्न मर गया हो शायद !

15.1.99

बौना

मैं एक बार फिर इस संशय से भर गया
कि अब मेरा कद नहीं बढ़ेगा

वो सरपट दौड़ता हुआ आया
और मुझे लाँघ गया
मैं रोकना चाहता ही था उसे
पर वक्त ही नहीं दिया उसने
मेरे मुँह से आवाज़ निकले निकले
कि वो लाँघ गया
और कूदता फाँदता
निकल गया बहुत आगे

उठते हैं उठने की तलाश में हैं
वाले अंदाज़ में
तकिए में सिर टिकाए लेटा था
मेरा आलस्य

बहुत तेज़ तर्रार नहीं था वह
मेरे जैसा ही था
हू ब हू मैं
बस मौक़ा मिल गया था उसे
और बिना चूके उसे भुना भी लिया था उसने
शायद पहले से ही ताक में रहा हो वह
हो सकता है सूझा हो उसे अनायास

लेकिन वो लाँघ गया

और मैं
एक बार फिर इस संशय से भर गया
कि अब मेरा कद नहीं बढ़ेगा !

18.7.74

नींद में चलनेवाला आदमी

नींद में चलनेवाले को नहीं पता कि उसे
नींद में चलने की आदत है

नींद में चलनेवाला आदमी आधी रात में उठता है
घर भर की सारी बत्तियाँ जला देता है
बाहर का दरवाज़ा खोल
निकल जाता है सुनसान सड़क पर
सचमुच की सड़क पर भी वो इस तरह चलता है
जैसे चल रहा हो सपने की किसी सड़क पर
कह सकते हैं इस समय वो आधा स्वप्न में है
और आधा यथार्थ में

कौन कह सकता है कि नींद में चलनेवाला आदमी
कब किस दिशा में निकल जाएगा
वो किसके दरवाज़े पर दस्तक देगा किसकी कुंडी खटखटाएगा
न जाने किन लोककथाओं के कौन से पात्र मिलेंगे उसे रास्ते में
वो न जाने किन किन छूटी हुई जगहों पर जाएगा
उसकी बेचैन आत्मा न जाने कहाँ कहाँ भटकाएगी उसे

न जाने वो कौन से अधूरे सपने हैं
जिन्हें ढूँढता नींद में ही निकल आया है वो सड़कों पर
पता नहीं वो कौन से तनाव हैं कि नींद में भी चैन नहीं उसे

इस समय जब आधी रात ढल चुकी है और वो सड़क पर है

उसका माथा चाँद के इतना करीब है कि कभी कभी
जब उसके बाल हवा में उड़ते हैं
तो चाँद को छिपा लेते हैं अपनी ओट में
नींद में चलनेवाले आदमी के कंधे पर एक बादल
इस तरह टिका है
जैसे कोई बाज़ उसके कंधे पर बैठा हो
वो आसपास के हर दृश्य से बेखबर है
कोई भी आवाज़ उसके कानों तक नहीं पहुँच रही है

इस समय अगर वो अचानक जाग जाये तो क्या होगा !
उसकी पुतलियों में सोती धूप के टुकड़े
यहाँ वहाँ बिखर जाएँगे

नींद में चलता हुआ वो गुज़र जाएगा
हमारे सामने से
संशय से देखेंगे हम कि कहीं वो आइना तो नहीं
कहीं वो हम ही तो नहीं हैं
नींद में चलते हुए !

11.9.97

उसकी गृहस्थी

थकी हारी लौटी है वो आफिस से अभी
टिफिन बाक्स को रसोई में रखती है
मुँह पर पानी के छींटे मारती है
बाहर निकल आई लट को वापस खोंसती है
बालों में
आँखों को हौले से दबाती है हथेलियों से
उठती है और रसोईघर की ओर जाने को होती है
मैं कहता हूँ, 'बैठो, तुम, आज मैं चाय बनाता हूँ !'
मेरी आवाज़ की नोक मुझी को चुभती है

गैस जला कर चाय का पानी चढ़ाता हूँ
दूसरे ही पल आवाज़ लगाता हूँ
सुनो शक्कर किस डब्बे में रखी है
और चाय की पत्ती कहाँ है ?

साड़ी का पल्लू कमर में खोंसती हुई वो आती है
मुझे हटाते हुए कहती है—'हटो, तुम्हें नहीं मिलेगी कोई चीज़।'
होंठों को तिरछा करती अजीब ढंग से मुस्कुराती है
मुश्किल है उस मुस्कुराहट का ठीक ठीक अर्थ
समझ पाना
जैसे कहती हो यह मेरी सृष्टि है
तुम नहीं जान पाओगे कभी
कि किन बादलों में रखी हैं बारिशें, किनमें रखा है कपास

कोई डब्बा खोलते हुए कहती है :
यह तो मैं हूँ कि अबेर रखा है सब कुछ
वरना तुम तो ढूँढ नहीं पाते अपने आप को
जाओ बाहर जाकर टी वी देखो
एक काम पूरा नहीं करोगे और फैला दोगे
मेरी पूरी रसोई !

1.4.99

पीठ की खुजली

अभी अभी लौटा हूँ सारे काम धाम निपटा कर
रात का खाना खाकर
अभी अभी कपड़े बदलकर घुसा हूँ
होटल के बिस्तर में
और रह रह कर पीठ में खुजली हो रही है
रह रह कर आ रही है इस समय
तुम्हारी याद

काम आ सकती थी जनेऊ इस समय
पर उसे तो बहुत पहले ही छोड़ आया
पैतृक घर की खूँटी पर
कोई बैलगाड़ी भी नहीं यहाँ कि जिसके पहिये से
टिक कर खुजला लूँ अपनी पीठ
जहाँ तक जा सकता है ले जाता हूँ
खींच कर पीठ पर अपना हाथ
लेकिन यह नामुराद खुजली हर बार
और आगे खिसक जाती है मेरे हाथ की पहुँच से
मेरे हाथ की हद के आगे से शुरू होती है
तुम्हारी हथेली की याद

याद ने भी क्या कारण खोजा है आने के लिए
घर से इतनी दूर इस गुलाबी शहर में !

10.1.99

उसका चेहरा

अचानक गुल हो गयी बत्ती
घुप्प अँधेरा हो गया चारों तरफ
उसने टटोल कर ढूँढ़ी दियासलाई
और एक मोमबत्ती जलाई

आधे अँधेरे और आधे उजाले के बीच
उभरा उसका चेहरा
न जाने कितने दिनों बाद देखा मैंने
इस तरह उसका चेहरा
जैसे किसी और ग्रह से देखा मैंने
पृथ्वी को !

8.4.99

दो नन्हे मोज़े

पुराने कपड़ों के बक्से से सामान निकालते हुए प्रकट हुए अचानक
ऊन के वो दो नन्हे मोज़े

याद आये वो दिन जब दुपहर की गुनगुनी धूप में बैठी
बीच बीच में देखती हुई अपना पेट
मन ही मन मुस्कुराती पत्नी
बुनती रहती थी इन्हें

यह उन दिनों की बात है जब पैदा होने वाली थी
हमारी पहली बेटी

इतने बरस बाद निकल आए हैं ये मोज़े अचानक
अचानक जैसे याद आ जाती है बचपन की कोई बात
इतने छोटे हैं ये मोज़े कि आश्चर्य में डूबा है मेरी बेटी का चेहरा
कि कभी इतने छोटे भी थे उसके पाँव
बहुत छोटी और साधारण चीज़ों में ही बचा है शायद
इतना अपनापन और इतनी गुदगुदी...

वो दो छोटे छोटे मोज़े हैं या भूत के पाँव
जो तेरह बरस पहले की दुपहर में ले आये हैं मुझे

कितनी आसानी से पार कर जाती है इतनी लम्बी दूरी
दो छोटे छोटे मोज़ों में बसी
दो नन्हे पाँवों की गंध !

23.2.94

चप्पलें

देवीलाल पाटीदार की ड्राइंग कापी में ये काजल और चारकोल से बनी चप्पलें हैं

न ये यात्राओं से लौटी हैं न यात्राओं के लिए कोई उत्सुकता है इनमें
इनमें न किसी पाँव के पसीने के दाग़ हैं
न धूल न कीचड़
इनमें न हड़बड़ी है न प्रतीक्षा
इन पर न क़ीमत की पर्ची है न किसी कम्पनी की सील

कोई झूठ इन्हें पहन नहीं सकता कि उसके पाँव नहीं
और सच इन्हें पहनेगा नहीं कि ये चप्पलें नहीं
उसका झूठ हैं !
ये सच और झूठ दोनों से परे हैं
दोनों की ज़रूरत से परे

ये किस दिक् और किस समय में रखी हैं
यह कहना मुश्किल है
ये किसी अनन्त आकाश के बीच रखी हो सकती हैं
और जा सकती हैं समय की किसी भी
सीमा से बाहर

चप्पल लेकिन कितनी भी स्थिर क्यों न हो
होगा उसमें यात्रा का कोई न कोई स्वप्न
ज़रूर !!

4.7.95

उस प्लम्बर का नाम क्या है

मैं दुनिया के कई तानाशाहों की जीवनियाँ पढ़ चुका हूँ
कई खूँखार हत्यारों के बारे में भी जानता हूँ बहुत कुछ
घोटालों और यौन प्रकरणों में चर्चित हुए
कई उच्च अधिकारियों के बारे में तो बता सकता हूँ
ढेर सारी अंतरंग बातें

और निहायत ही नाकारा क़िस्म के राजनीतिज्ञों के बारे में
घंटे भर तक बोल सकता हूँ धारा प्रवाह
लेकिन घंटे भर से कोशिश कर रहा हूँ
पर याद नहीं आ रहा है इस वक़्त उस प्लम्बर का नाम
जो कई बार आ चुका है हमारी पाइप लाइन में
अक्सर हो जाने वाली गड़बड़ी को ठीक करने
वो कहाँ रहता है, कहाँ है उसके मिलने का ठीहा
कुछ भी याद नहीं
उसके परिवार के बारे में तो ख़ैर...

हैरत है ! मैं बुरे लोगों के बारे में कितना कुछ जानता हूँ
और उनसे भी ज़्यादा बुरों के बारे में, तो कुछ और ज़्यादा
जबकि पाइप लाइन में आई किसी गड़बड़ी को
किसी तानाशाह ने कभी ठीक किया हो
इसका ज़िक्र उसकी जीवनी में नहीं मिलता

ऐसे वक़्त में हमेशा स्त्रियाँ ही मदद कर सकती हैं
यह थोड़ा अजीब ज़रूर लगेगा लेकिन यही सच है

कि स्त्रियाँ ही उन लोगों के बारे में सबसे ज़्यादा जानती हैं
जो आड़े वक्त में काम आते हैं
जो जीवन की छोटी छोटी गड़बड़ियों को
दुरुस्त करने का हुनर जानते हैं
पत्नी जानती थी कि चार दिन पहले
जमादारिन के यहाँ बच्चा हुआ है
वो उसके बच्चे के लिए हमारी बेटी के छुटपन के कपड़े
निकाल रही थी उस वक़्त

जब थक हार कर मैंने उसे आवाज़ लगाई
सुनो...उस प्लम्बर का नाम क्या है ?

4.5.99

प्रतिध्वनि

अब वो तुम्हारे बोले गये वाक्य के सिर्फ अन्तिम शब्द
दोहराती है

तुम उसे देख नहीं पाते या देखकर अनदेखा कर जाते हो
लेकिन वो वीरान घाटियों से, उदास स्मृतियों से भरे गुम्बदों से
कन्दराओं से और सूख चुके कुँओं से
लगातार दोहराती रहती है
तुम्हारे वाक्य के अन्तिम शब्द

तुम वो ही शब्द बोलते हो अक्सर
जो तुम सुनना चाहते हो बार बार

कहते हैं एक समय वो बहुत बातूनी थी
कतरनी की तरह चलती थी उसकी ज़बान
बातों के लिए उसे समय कम पड़ जाता था

(मुझे कई बार लगता है
स्त्रियाँ भी अगर पुरुषों की तरह कम बोलतीं
तो कितनी सूनी लगती यह धरती
और बच्चे कितनी देर से सीख पाते बोलना)

वो इतनी ज़्यादा बड़बड़ करती थी
कि नदियाँ उसकी बातों में खोकर बहना भूल जाती थीं
हवाएँ उसकी बातें सुनने को रुक जाती थीं

बादल ग़लत पड़ावों पर अपना डेरा डाल देते थे
पर कहते हैं कि एक दिन हेरा[1] के श्राप ने
उससे उसकी सारी बातें छीन लीं

इसलिए तो घने जंगलों में अपना रास्ता भूल कर
जब तुम ज़ोर ज़ोर से पुकारते थे किसी को
वो सिर्फ़ तुम्हारे अन्तिम शब्द दोहरा देती थी
वो जवाब नहीं दे पायी तुम्हारे किसी प्रश्न का

वो एक परछाईं की तरह चलती रही तुम्हारे साथ-साथ
उसने खो दिये अपने सपने और
अपना बातूनीपन
वो जिसे तुम अनदेखा करते रहे लगातार
वो अपनी अनुपस्थिति में भी रही उपस्थित
और दोहराती रही तुम्हारे हर वाक्य के
अन्तिम शब्द !

10.10.96

---

1. हेरा : ग्रीक पुराण के अनुसार हेरा देव सम्राट ज़्यूस की पत्नी थी, जिसने ईको (प्रतिध्वनि) को श्राप दिया था कि वह अपने शब्द नहीं बोल पाएगी और सिर्फ दूसरे के बोले गए वाक्य के अंतिम शब्द ही दोहरा सकेगी। ईको नारसीसस से प्रेम करती थी। श्राप के कारण ही वह अन्तिम समय में नारसीसस की मदद नहीं कर पाई।

बड़ी उम्र में कार चलाना सीखने के बारे में

बहुत कठिन काम है बड़ी उम्र में सीखना कार चलाना !

अभ्यास के बाद जब हम लौटते हैं वापस तो शरीर नहीं दिमाग़
इतना थक चुका होता है कि आते ही ढेर हो जाते हैं बिस्तर पर
बिस्तर पर भी लेकिन चैन नहीं, लेटे लेटे लगता है अचानक
कि हम कार चला रहे हैं
और दौड़ता हुआ एक बच्चा आ जाता है कार के ऐन सामने
हम हार्न बजाना भूल जाते हैं और ज़ोर से चिल्लाते हैं
ब्रेक लगाने के लिए हड़बड़ी में डालते हैं पाँव पर दबाव
और ग़लती से दब जाता है एक्सीलेटर...
एक दुर्घटना ! भयानक दुर्घटना एकाएक !!
पसीना पसीना होते घबराकर आँख खोलते हैं हम
बहुत तेज़ तेज़ धड़कता है दिल

बड़ी उम्र में सीखना कार चलाना सचमुच एक कठिन काम है
उम्र बढ़ने लगती है जैसे जैसे, हम बचाना चाहते हैं जीवन
अपना भी और दूसरों का भी
बड़ी उम्र में डर लगता है दुर्घटनाओं से, दुश्चिंताएँ सताती हैं
कम होने लगता है रोमान और अक़्ल ज़्यादा तर्क करने लगती है
कलेजा हलक को आ जाता है तेज़ गति से चलते वाहन में बैठने पर
बचना चाहते हैं हम किसी भी नए काम को सीखने से
किसी भी नए जोखिम से

बड़ी उम्र में ज़िद काम नहीं आती

डींग मारते हैं हम कि हम भी कर सकते हैं वो हर काम
जो कर सकते हैं नयी उम्र के लड़के
पर अंदर ही अंदर कोई कहता है...नहीं, नहीं कर सकते
हम झेंप छिपाते हुए कहते हैं 'लेकिन अब इस उम्र में
अच्छा नहीं लगता यह सब करना'

आसान नहीं होता सीखना बड़ी उम्र में कार चलाना
भयानक दिवास्वप्न पीछा करते हैं लगातार
हम बार बार ग़लतियाँ करते हैं, गेयर डालने से डरते हैं
प्रशिक्षक चिल्लाता है बार-बार, कहता है–
'आप इतने बड़े हैं कि आप पर चिल्लाना भी अच्छा नहीं लगता'
वो बार बार हम पर खीजता है और तरस खाता है

वो बार बार हमें हमारी उम्र का अहसास कराता है !

21.4.98

अधूरी इच्छा

जब तब बातों में निकल ही आता है किस्सा अधूरी रह गई इच्छा का
कि उसे पूरी तरह भूल पाना कभी संभव नहीं होता

कहना मुश्किल है कि अंदर ही अंदर क्या कुछ जोड़ती या तोड़ती है
अधूरी रह गई इच्छा
कभी कभी हमारे सपनों में पूरा होते देखती है वह अपने को
कभी कभी एक टीस बन कर चुभती है
और बेवजह बे-मौका जोर से हँसकर छिपाते हैं हम
कहीं अंदर से उठती रुलाई

कई बार अपनी अधूरी इच्छा की उँगली पकड़े लोग
निकल जाते हैं ऐसे रास्तों पर
कि मुश्किल हो जाता है दुबारा उन्हें ढूँढ़ पाना
तरस खाने के अंदाज़ में कहते हैं लोग
कैसा होनहार था भटक न गया होता तो बड़े काम का होता...

कवि नहीं मैंने भी चाहा था डाक्टर बनना
पर हालात ने पूरी नहीं होने दी यह इच्छा
अर्थशास्त्र के नियम यूँ भी किसी इच्छा का सम्मान नहीं करते

कुछ ऐसा चलन था हमारे समय का
कि औसत आमदनी वाले ज्यादातर माँ बाप चाहते थे
अपने किसी न किसी लड़के या लड़की को डाक्टर बनाना
इतना अजीब था हमारे यहाँ चिकित्सा का पूरा तन्त्र
कि विकट होकर प्रकट होती थी यह इच्छा हर बार

इतना दिक़्क़तदेह और इतना महँगा था यहाँ बीमार होना
कि हर कोई चाहता था कि घर का ही हो कोई डाक्टर
तो चैन से कटे उसका बुढ़ापा
सरकारी अस्पताल ऐसी फंतासियों की तरह थे
जिनमें एक बीमार दिन भर अपने डाक्टर को ढूँढ़ता रहता था
और एक दिन उसे ईश्वर मिल जाता था जो उससे कहता था
कि चलो तुम्हारे चलने का वक़्त हुआ

जिन दिनों मेरे माता पिता मुझे डाक्टर बनाने की अपनी इच्छा को
किसी सुनहरी चिड़िया के अंडे की तरह पोस रहे थे
मैं भी कभी कभी सपने में देखता था अपने को
सफेद एप्रिन पहने और गले में लटकाए स्टेथस्कोप
इच्छा लेकिन न उनकी पूरी हुई न मेरी
नालायक निकला मैं और लिखने लगा कविताएँ
सो भी बहुत अच्छी नहीं

अधूरी रह गयी वो इच्छा बार बार पीछा करती है मेरा
जहाँ तहाँ दिखतीं बीमारियों पर चली ही जाती है मेरी नज़र
अध्यापक की निगाह जैसे अटक जाती है हर बार हिज्जे की ग़लतियों पर
कई बार तो यहाँ तक होता है कि बिना पूछे ही
हर किसी को देने लगता हूँ सलाह

हालाँकि किसी नीम हकीम के बस का नहीं है
हमारे समय की बीमारियों का इलाज।
ज़रूरी भी नहीं कि मेरे बताए नुस्ख़े
काम आएँ ही किसी के

अधूरी इच्छा उस डायरी की तरह थी जिसे लिखना छोड़ दिया अधबीच में
पर जिसे फेंक नहीं सके कभी बाहर

यह भी एक अधूरी इच्छा थी जो प्रकट होती थी कभी बाहर
कभी कविता के भीतर।

9.1.89

संयुक्त परिवार

मेरे आने से पहले ही कोई लौट कर चला गया है
घर के ताले में उसकी पर्ची खुसी है

आया होगा न जाने किस काम से वह
न जाने कितनी बातें रही होंगी मुझसे कहने को
चली गयी हैं सारी बातें भी लौट कर उसी के साथ
रास्ते में हो सकता है कहीं उसने पानी तक न पिया हो
सोचा होगा शायद उसने कि यहीं मेरे साथ पियेगा चाय
कैसा लगता है इस तरह किसी का घर से लौट जाना

इस तरह कभी कोई नहीं लौटा होगा
बचपन के उस पैतृक घर से
वहाँ बाबा थे, दादी थीं, माँ और पिता थे
लड़ते झगड़ते भी साथ साथ रहते थे सारे भाई बहन
कोई न कोई हर वक्त बना ही रहता था घर में
पल दो पल को बिठा ही लिया जाता था हर आने वाले को
पूछ लिया जाता था गुड़ और पानी को
खबर मिल जाती थी बाहर गए आदमी की
ताला देखकर शायद ही कभी कोई लौटा होगा घर से

टूटने के क्रम में टूट चुका है बहुत कुछ, बहुत कुछ
अब इस घर में रहते हैं ईन मीन तीन जन
निकलना हो कहीं तो सब निकलते हैं एक साथ
घर सूना छोड़ कर

यह छोटा सा एकल परिवार
कोई एक बाहर चला जाये तो दूसरों को
काटने को दौड़ता है घर

नये चलन ने बहुत सहूलियत बख़्शी है
चोरों को

कम हो रहा है मिलना जुलना
कम हो रही है लोगों की जान पहचान
सुख दुख में भी पहले की तरह इकट्ठे नहीं होते लोग
तार से आ जाती है बधाई और शोक संदेश

बाबा को जानता था सारा शहर
पिता को भी चार मोहल्ले के लोग जानते थे
मुझे नहीं जानता मेरा पड़ोसी मेरे नाम से
अब सिर्फ एलबम में रहते हैं
परिवार के सारे लोग एकसाथ
टूटने की इस प्रक्रिया में क्या क्या टूटा है
कोई नहीं सोचता

कोई ताला देखकर मेरे घर से लौट गया है !

24.2.93

नेलकटर

यह नेलकटर बरसों से हमारे घर में है
पुश्तैनी भी कहा जा सकता है इसे

मेरे बाबा इसी से अपने नाखून काटते थे
वो वक़्त के बहुत पाबंद थे और गुरुवार को
हजामत नहीं बनवाते थे
वो कभी नंगे सिर घर से बाहर नहीं निकले
कोई पाँव घसीट कर चलता या चप्पल बजा कर
तो वो बहुत गुस्सा होते
इतना दबदबा था उनका कि उनके जीते जी
माँ ने कभी बाहर का छज्जा नहीं देखा
वो नवाब के मातहत थे और अचकन पहनते थे
आज़ादी की लड़ाई में वो कभी जेल नहीं गये

यह नेलकटर बरसों से हमारे घर में है
मेरे पिता भी हमेशा इसी से अपने नाखून काटते थे
वो नेलकटर के ऊपर लगी फाइल से घिसकर
नाखून की बची हुई नोकों को गोल कर देते थे
एक बार गाँधी जी जब शहर से गुज़रे
वो उन्हें देखने स्टेशन तक गए थे
कहते हैं इस पर घर में बहुत बवाल मचा
चोरी से खरीदा खादी का वो कुरता पाजामा
उस दिन के बाद उन्होंने कभी सोते समय भी नहीं पहना

उन्होंने कभी किसी से ऊँची आवाज़ में कुछ नहीं कहा
कुछ दिनों बाद वो अंग्रेजों की छावनी में
स्टोरकीपर हो गए
और आज़ादी के बाद सरकारी खजाने में
बड़े बाबू के पद पर नियुक्त हुए

यह नेलकटर बरसों से हमारे घर में है
न इस पर कभी जंग लगी और न धार कम हुई
बचपन में स्कूल में हुए मुआयने में एक बार
मेरे नाखून बढ़े हुए पाए गए
उस दिन मुझे बहुत डाँट पड़ी स्कूल में भी
और घर पर भी
उसके बाद मेरी बड़ी बहन नियम से काटती रही
मेरे नाखून

यह नेलकटर बरसों से हमारे घर में है
अब मैं इसी से अपने नाखून काटता हूँ
फाइल पर घिसकर गोल करता हूँ
बची खुची नोकें
मुझे याद नहीं कितने बरसों से मैंने
किसी से 'नहीं' नहीं कहा !

22.8.97

हाथ

हर हाथ की एक अलग ही सिफ़त होती है जनाब !

किसी न किसी हाथ की
किसी न किसी खूबी के बारे में बात करता
कहीं न कहीं मिल ही जाता है कोई न कोई
कभी न कभी
अब हमारे नाना की ही बात लो
कहते हैं कमाल का शिफ़ा था उनके हाथ में
दूर दराज़ के गाँवों से बैलगाड़ियों पर लद लद कर
चले आते थे लोग अपना इलाज करवाने
एक बार जो उनके पास आ जाता तो कभी भूले से भी
नहीं झाँकता वो किसी और डाक्टर के पास
उनके बारे में कहा जाता था कि 'डाक्टर साब तो
खड़िया पीस कर भी दे दें तो मरता जी जाये'
चंदनसिंह डाकू की खोपड़ी तो फरसे से काट कर
कटोरे की तरह अलग कर दी थी उसके दुश्मनों ने
तिस पर भी कहते हैं कि पूरे बारह घंटे जिन्दा रखा उसे
डाक्टर साहब ने

होने को तो हमारी नानी के हाथ के बाफले भी कम मशहूर न थे
पर अरहर की दाल पकाने में उनका कोई सानी न था
उँगलियों में तौल कर अंदाज से डाल देती थीं सारे मसाले
पर मजाल है कि कभी नमक कम हुआ हो या मिर्ची तेज़
माँ और मौसियों ने तमाम कोशिश कर डाली

पर नानी के हाथ जैसा स्वाद किसी के हाथ में न था
और मँझली मामी के बनाए समोसे तो
किस्सों की तरह चर्चित थे पूरे खानदान में

जितने हाथ थे दुनिया में उतनी खूबियाँ थीं उतने स्वाद थे
उतनी कलाएँ थीं उतनी समझदारियाँ थीं
हर हाथ का अपना जादू था अपने कमाल थे
और राणा-दी-ग्रेट का नाम तो आपने भी सुना ही होगा
वो हमारे छोटे से पुराने भोपाल का बड़ा जादूगर था
कहते हैं उसके हाथ की सफाई का लोहा तो
गोगिया पाशा भी मानता था !

6.3.99

छाते

तेंदुए की पीठ पर बनी धारियों जैसी चौड़ी और तिरछी
बौछारों वाली बारिशों के दिनों में
या कभी कभी जब बहुत तीखी होने लगती है धूप
हमें याद आते हैं हमारे छाते
घर के किसी कोने या दुछत्ती पर से निकाला जाता है उन्हें
उन पर लिपटे पुराने कपड़े या काग़ज़ को अलग करते हुए
परखा जाता है उनका कपड़ा और उनकी तानें

हमारे सिरों पर तने हुए वे ऐसे लगते हैं
जैसे आकाश के नीचे एक और छोटा आकाश
आशंकाओं और अन्याय से भरे इस दुखदायी समय में
सुरक्षित सा अपना कोई कोना
अपना एक और छोटा सा समय
उनके साथ अक्सर किसी स्त्री की स्मृति जुड़ी होती है

बरसात के आसमान की तरह ही सुरमई और बदरंग
हो चुका है उनका कपड़ा
कहीं किसी कोने में लेकिन चमकता रहता है
हमारे या पिता के नाम का पहला अक्षर
जिसे छोटी बहन ने रेशमी तागों से काढ़ा था
कई बरस पहले
फीके नहीं होते उन तागों के रंग

बारिश की न जाने कितनी स्मृतियाँ हैं मन में

छाते उनमें एक पात्र की तरह प्रवेश करते हैं
उनके साथ जुड़ी हैं उन फिल्मों की भी यादें
जिनमें एक ही छाते के नीचे खड़े राज कपूर और नरगिस
एक दूसरे को बचाने की कोशिश में भीगते जाते थे लगातार
सोचता हूँ कभी कभी कि गाँधी जी के हाथ में
लाठी की जगह अगर छाता होता
तो क्या वे ज्यादा भारतीय लगते हमें

कभी कभी हमारे छाते छूट जाते हैं किसी यात्रा में
बाज़ार में या कहीं और...
छूट जाता है छूटता चला जाता है जैसे बहुत कुछ
उम्र के साथ साथ...
छूट जाता है बहुत कुछ अपना अपने से बाहर कहीं...
कहाँ
पता नहीं !

27.6.95

घर की याद

ढाबे की टूटी बेंच पर बैठ कर
चाय में डुबा डुबा कर बन खाते हुए मुश्किल से दबाता हूँ
मन में हूक सी उठती घर की याद

चेहरे को दबोच लेती है एक उदासी
देसी दारू की झोंक में लड़खड़ाता आता है
प्राइमरी स्कूल का एक मास्टर फटेहाल
धम्म से बैठ जाता है मेरी बगल में
और बड़बड़ाता है
यहाँ जंगल में फेंक दिया है मुझे
घर से ढाई सौ मील दूर
दस बरस में लगाई हैं मैंने सैकड़ों अर्जियाँ
लगाए हैं पचासों चक्कर शिक्षा विभाग के
राज्य परिवहन की बसों को दे चुका हूँ अपनी सारी पगार
न जाने कितने ढाबों का पी चुका हूँ पानी
खा चुका हूँ नमक
फाँक चुका हूँ न जाने कितने मन धूल

कोई नहीं सुनता
कोई नहीं सुनता साला पर मेरी बात

हमारे समय का सबसे बड़ा दुख है निर्वासन

कैसे ? कैसे बताऊँ उसे अपना दुख

कहीं दूर देखने का स्वाँग करता
बचाता हूँ अपनी आँखें

न जाने किस किसको गाली निकालता
अचानक सुबकने लगता है मास्टर
अगल बगल खड़े लोग देखते हैं जैसे देखते हों तमाशा

बाहर आते ही कैसा बहुरूपिया हो जाता है
हमारा दुख !

दूर आसमान में चीख़ती है कोई टिटहरी
लौटते हुए
अपने घोंसले की ओर !

11.5.89

खोड़ला गाँव*

जिसने सबसे कठिन दिनों में मेरा साथ दिया
मुझे नौकरी दी
मेरी रोटी पानी का इंतजाम किया
उस गाँव का नाम मत पूछो
उसका नाम नहीं लिया जाता

इस इलाक़े का सबसे अच्छा आलू होता था वहाँ
वहाँ मोटे सूत की दरियाँ बनाई जाती थीं
जिन्हें डोरिया कहा जाता था
और दूर दूर तक उसकी माँग थी
अच्छी ज़मीन थी और कुओं में पानी था
रात गये बाज़ार में सट्टा खेलते लोगों को देखो
तो पता चलता था कि लोगों की अंटी में पैसा है
पर उस गाँव का नाम मत पूछो
उस गाँव का नाम नहीं लिया जाता

हाट बाज़ार करके जब दूसरे गाँव से लौटते थे लोग
तो कंडेक्टर से टिकिट माँगते
कोई नाम नहीं लेता था उस गाँव का
नाम के ऐवज में कहते थे लोग—ग्यारह कोस
कभी कभी ठिठोली में कहता था कोई
एक टिकिट खोड़ला गाँव...
और सब हँस देते थे ज़ोर से
यह जो सबको कम से कम एक बार

हँसने का बहाना देता था
उस गाँव का नाम मत पूछो
उसका नाम नहीं लिया जाता !

2.11.98

---

* मान्यता के अनुसार ऐसा दुर्भाग्यशाली गाँव जिसका नाम लेने से अपसगुन होता है।

बचाना

एक औरत हथेलियों की ओट में
दीये की काँपती लौ को बुझने से बचा रही है
एक बहुत बूढ़ी औरत कमज़ोर आवाज़ में गुनगुनाते हुए
अपनी छोटी बहू को अपनी माँ से सुना गीत
सुना रही है

एक बच्चा पानी में गिर पड़े चींटे को
एक हरी पत्ती पर उठाने की कोशिश कर रहा है
एक आदमी एलबम में अपने परिजनों के फोटो लगाते हुए
अपने बेटे को उसके दादा दादी और नाना नानी के
किस्से सुना रहा है

बची है यह दुनिया
कि कोई न कोई, कहीं न कहीं बचा रहा है हर पल
कुछ न कुछ जो ज़रूरी है
अभी अभी कुछ लोगों ने उन किताबों को ढूँढ़ निकाला है
जिनमें इस शहर की पुरानी इमारतों के प्लास्टर को
तैयार करने की विधियाँ दर्ज़ थीं

अब खिरनी वाले मैदान की ढहती जा रही पुरानी इमारतों की
मरम्मत की जा रही है पुराने सलीक़े से।

22.6.99

हमारे शहर की गलियाँ : एक

बहुत आँकी बाँकी और चक्करदार थीं हमारे शहर की गलियाँ
कुछ गलियों के रास्ते तो आसमान से होकर निकलते थे

भटकते हुए उन गलियों में हमें कई बार तारे मिल जाते थे
अपनी लालटेनें लिये सिवान से लौटते किसानों की तरह
बिना बात ही वो हमसे बतियाने लगते और कुछ दूर तक
हमें रास्ता दिखाने चले आते
कभी कभी चाँद भी दिख जाता भटकता हुआ
या बैठा हुआ आसमान की सफील पर
चलन से बाहर हो चुके किसी पुरानी रियासत के सिक्के की तरह
उसका चेहरा कभी ज़र्द होता तो कभी चमकता रहता
खूब घिसकर माँजी गयी काँसे की थाली की तरह
वो भी शायद हमारी ही तरह बेरोज़गार था या आवारा
रात में भटकना उसकी आदत में शुमार था

ये वो दिन थे जब हमारे सपनों और हक़ीक़त के बीच
हमेशा झगड़ा मचा रहता था
हम झुकी हुई छतों वाले घरों से आये थे
जिनके दरवाज़े इतने छोटे होते थे कि गरदन उठाते ही
बारसक से सिर फूटता था
सपने देखने की हमें बुरी आदत थी
हम सिनेमा देखकर रोते थे और हक़ीक़त से आँख मिलाने से कतराते थे

भटकते हुए हमारे पाँव जब जवाब दे जाते

तो किसी बंद दुकान के पटिये पर या पुलिया पर बैठ जाते
कोई अपनी जेब टटोल कर बीड़ी का बंडल निकालता
और सबके लिए बीड़ियाँ सुलगाता
तीली की रोशनी में आसपास का सारा मायालोक
एक पल को दरक जाता

आसमान उचक कर बहुत ऊपर चला जाता
और पाँवों के नीचे गलियों के ऊबड़खाबड़ पत्थर उभरने लगते
पीढ़ियों से इसी शहर में रह रहे यहाँ के बर्रू-काट बाशिन्दों को भी
खबर नहीं थी कि कितनी आँकी बाँकी और चक्करदार हैं
इस शहर की गलियाँ
कि कई गलियों के रास्ते तो आसमान से होकर निकलते हैं।

2.5.99

हमारे शहर की गलियाँ : दो

अगर हम पैदल हों और कहीं पहुँचने की बहुत जल्दी हो
तो गलियाँ कई लम्बे रास्तों को बहुत छोटा बना देती थीं
यूँ उन गलियों का ऐसा जाल था सारे शहर में फैला हुआ
कि बिना सड़कों पर आये भी सारा शहर नापा जा सकता था
उन गलियों में भटकते हुए
उन गलियों से कई गलियाँ तो हमारे सपनों तक जाती थीं

गप्प मारने के लिए अपार फुरसत से भरी जगहें थीं उन गलियों में
दुकानों और घरों से बाहर निकले पटिये थे
जो रात गये जब सूने हो जाते थे
तो उन पर शतरंजें बिछ जाती थीं
रोशनी और अँधेरे के उन चौखानों पर आधी आधी रात तक
खिसकते रहते थे स्याह और सफेद मोहरे
इन्हीं पटियों से निकला था वो हमारे प्रदेश का चैम्पियन रफीक़
कहते हैं वो बाबू खाँ का चेला था
जिन्हें शुतुरघुन्ना मात देने में महारत हासिल थी

गलियों में चाय की कई छोटी छोटी दुकानें थीं
दुकानों में अन्दर धँसे हुए कमरे थे
जिनमें एक या कभी कभी दो कैरम रखे होते थे
पीली मद्धिम रोशनी और सिगरेट के धुएँ से भरे इन कमरों में
कैरम के खिलाड़ी रात रात भर जमे रहते
बाहर आसमान के कैरम पर क्वीन के बाद
कवर के लिए बची आखरी सफेद गोट की तरह

रखा होता था चाँद

सड़कों के नाम अक्सर बेगमों और नवाबों के नाम पर थे
जबकि गलियों के नाम जिन लोगों के नाम पर थे
उनका कोई लिखित इतिहास नहीं था
काली धोबन की गली, शेख़ बत्ती की गली
नाइयों की गली, बाजे वालों की गली
गुलिया दाई की गली...
इस गली के एक किनारे पर जुम्मा पहलवान रहता था
जो हर साल दशहरे का रावण बनाता था
दूसरे किनारे पर खुशीलाल वैद्य का मकान था
जिनका एक लड़का पिछले दिनों इस देश का राष्ट्रपति बन गया था

चाँद जब जामा मस्जिद की गुम्बदों से ऊपर चढ़ने लगता
इन गलियों के रहस्य गहराने लगते

तंगहाली के दिनों में भी गलियों ने कभी
हमें शर्मिन्दा नहीं किया
दंगों के बीच अपने घरों तक पहुँचने के रास्ते दिये उन्होंने हमें
उन्हीं की बनिस्बत शहर कभी बेगाना नहीं लगा हमें !

5.8.99

अहद होटल

मैं तुमको बताऊँ अज़मल कमाल
कि अहद होटल का मर्तबा ही अलग था शहर के दीगर चायघरों से

शहर के नामी दादा लोग हों
सिआसी पार्टियों के छोटे बड़े नेता
या हिन्दी और उर्दू के अदीब
अलग अलग टेबिलों पर जमे ही रहते थे हमेशा

मैं तुमको बताऊँ अज़मल कमाल
कि इब्राहीम पुरे के उस सँकरी सी गलीनुमा बाज़ार के बीचोंबीच
जहाँ चमचमाते जूतों की अब एक आलीशान दूकान है
यहीं कभी हुआ करता था वह अहद होटल
बाज़ार के हड़बड़ाते और चिल्लाते हुए समय से
एकदम अलग था होटल के भीतर पसरे हुए समय का चेहरा
फुरसतिया माने जाने वाले लोगों का यह ऐसा ठीहा था
जहाँ घंटों बैठे रहने और गपियाने पर कोई रोक टोक नहीं थी
बात यूँ थी अज़मल कमाल
कि शहर के सबसे फक्कड़ शायर जनाब ताज भोपाली
इस होटल के मैनेजर होते थे उन दिनों

मैं तुमको बताऊँ अज़मल कमाल
कि रियासत की पहली बेगम फतह बीबी की कोई औलाद नहीं थी
बड़ी उम्र में इब्राहीम नाम के लड़के को गोद लिया था उन्होंने
उसी के नाम पर रखा गया था इस मोहल्ले का नाम

शुरू शुरू में मुस्लिम व्यापारियों की ही दूकानें ज़्यादा थीं इस बाज़ार में
फिर विभाजन के बाद जब विस्थापितों का आना शुरू हुआ
तो देखते देखते बदलने लगा बाज़ार का चेहरा
तुम कभी अतीकुर्रहमान से नहीं मिले अज़्मल कमाल
मेरे स्कूल का वो सहपाठी हमेशा एक जुमला बोला करता था
गोद ली औलाद के नाम पर बसे बाज़ार को
हथिया लिया गोद ली औलादों ने

अज़्मल कमाल !
दिनों दिन तेज़ हो रही थीं रोशनियाँ
और तेज़ी से बदल रही थी बाज़ार की शक़्ल
सिकुड़ रही थीं बतियाने और गप्पें मारने की जगहें
लगता था आसमान पर बैठा दर्जी
काट काटकर छोटा करता जाता है हमारे दिन का थान
लेकिन तब भी बरक़रार था अहद होटल
और तब भी बड़े कप में मिलती थी वहाँ मनमुआफ़िक़ चाय
ऊपर तक भरकर

मैं तुमको बताऊँ अज़्मल कमाल
कि अहद होटल में जो नीचे का हॉल था उसी में
क़द से बालिश्त भर की ऊँचाई पर एक बालकनी थी
जिसमें बेल्जियम के कामदार शीशे लगे थे
वहाँ मज़हर पठान और उनके चेले-चपाटी
जमे रहते थे दिन रात
कभी कभी नीचे के हॉल में जब कोई टेबिल ख़ाली नहीं होती
तब भी चाय पीने को बालकनी में नहीं जाता था कोई
दरवाज़े के पास ही एक काउन्टर था
जिसके पीछे ऊँचे से स्टूल पर बैठे रहते थे ताज साहब
कभी कभी मुक्तिबोध और परसाई जी आते थे इस शहर में
लोग बताते हैं
कि मथुरा बाबू के साथ यहीं जमती थीं उनकी बैठकें
धीरे धीरे गुम होते जा रहे हैं उन बातों और क़िस्सों के गवाह

काउन्टर छोड़कर बीच बीच में ताज साहब भी
उन टेबिलों का चक्कर मार दिया करते थे
जहाँ जमे होते उस दौर के लिखने पढ़ने वाले लोग
आफ़ताब कहता था
कि दो मिसरों के बीच कभी कभी सुनाई देती है
ताज साहब के दबे पाँव आने की आवाज़

मैं तुमको बताऊँ अज़मल कमाल
कि बाज़ार की आँख में एक काँटे की तरह गड़ने लगा था
उन दिनों वह अहद होटल
बड़ी हिक़ारत से कहते थे आसपास के दुकानदार
"बीच बाज़ार में चाँप रखी है इतनी बड़ी जगह
इन फुरसतिया और बेकार के लोगों ने"
उस होटल में दिन भर जमे रहने वालों के बारे में
बहुत अच्छी राय नहीं थी आम लोगों की
लेखक और कम्युनिस्ट पार्टी के लोग ही क्योंकि
वहाँ अक्सर पाये जाते थे
इसलिए कभी कभी तो वहाँ बैठने वाले लगभग सभी लोगों को
कम्युनिस्ट कह दिया जाता था

उन दिनों शहर कोतवाली में नये थानेदार के बारे में
कहा जाता था
कि उसकी आँख में सुअर का बाल है
अहद होटल के सामने खड़े होकर
एक दिन अहद किया था उसने
कि नेस्तनाबूद कर डालूँगा इस होटल को एक दिन

क्या बताऊँ तुमको अज़मल कमाल
थानेदार की क़िस्मत बुलन्द थी या हमारा नसीब खोटा था
पर उन्हीं दिनों एक हादिसा हो ही गया अहद होटल में
यह उस होटल का पहला और कह सकते हो आख़िरी हादिसा था
मज़हर पठान और शफ़ीक़ पठान के बीच हुई

उस छुरेबाजी की वारदात की ख़बर आग की तरह फैली
और अफरातफरी मच गयी पूरे बाज़ार में
और इस तरह अहद होटल के नेस्तनाबूद करने का अहद
पूरा किया शहर कोतवाली के थानेदार ने

इस तरह एक दिन
व्यापारियों और पुलिस की आँख में
काँटे की तरह गड़ने वाला अहद होटल ख़त्म हुआ
धीरे धीरे ख़त्म होने लगीं
लेखकों और सोचने समझने वालों के बीच अड्डेबाजियाँ
अहद होटल की धुँधली पड़ती यादों के साथ साथ
धुँधले पड़ने लगे लोगों के बीच सारे सम्बन्ध
जहाँ कभी अहद होटल था
अब वहाँ चमचमाते जूतों की एक आलीशान दूकान है

अज़मल कमाल !
यही है हमारे समय का एक सबसे पूरा बिम्ब
और एक दिलचस्प प्रहसन भी
कि जो जगह भरी होती थी कभी खूबसूरत शब्दों से
वहाँ अब चमक़दार जूते भरे हैं
और उनमें न किसी यात्रा की धूल है
न किसी पाँव के पसीने की गंध

8.9.99

अज़मल कमाल : पाकिस्तान के एक लेखक मित्र हैं।

तीन शोकगीत

[निर्भीक वर्मा 'कप्पू' की स्मृति में]

शोकगीत : एक

इतना छोटा सा जीवन और इतने सारे खटराग

मरे तुम पराये शहर में जाकर
और तुम्हारे अपने शहर में एक छोटी सी खबर की तरह पहुँची है
तुम्हारी मृत्यु

तुम्हारी असमय मौत के लिए
खोजे जा रहे हैं तुम्हारी आदतों के ऐब
इस दुख को सहने लायक बनाने का शायद
यही एक तरीका बचा है दोस्तों के पास
तुम्हारी जिन आदतों को कारण माना जाएगा मृत्यु का
सुनाए जाएँगे उन्हीं से जुड़े किस्से
मजे ले लेकर हर बार
इस तरह सब अपने दुख को थोड़ा टरकाएँगे

हमें कितना अकेला किया है हमारे समय ने, समाज ने
स्वजन भी इसके अपवाद नहीं
इस बात पर सोचने को लेकिन रखा जाएगा मुल्तवी
कौन चाहेगा अपने दुख को पहाड़ बनाना
कौन झाँकना चाहता है अपने अन्दर !

मैं सामना नहीं कर सकता तुम्हारी मृत्यु का

कि तुम्हारे साथ ही मरा है
मेरे अन्दर का वह
जो कभी कर सकता था सामना
ऐसे समय का !

शोकगीत : दो

हमें हमारे बचपन से जुड़ी हर चीज़ से दूर ले जाया गया
हमें हमारी गलियों पटियों और महफ़िलों से
बाहर ले जाया गया
बहुत टुच्ची ज़रूरतों के बदले छीना गया हमसे
इतना सारा सब कुछ

किसी से कहें तो कहेगा
कि व्यर्थ ही भावुक हो रहे हो तुम
इसमें ऐसा खास कुछ भी नहीं
जगहों से प्यार करने का रिवाज़ तो
ख़त्म हो चुका कब का

हमने बहुत कुछ पाने की कभी कोशिश नहीं की
लालसा भी नहीं
हमें मलाल नहीं रहा कभी अपनी तंगहाली का
हम अपनी बहुत छोटी ज़रूरतों के साथ
लेकिन नहीं रखे जा पाए
इस बहुत बड़े शहर में

हम जहाँ से निकाले गए
निकाल नहीं पाए उसे कभी अपने से बाहर
हम जहाँ भेजे गए वहाँ के हो नहीं पाए

ऐसा हमारा दुख था
कि उसे दुख कहना संभव नहीं था
इसे हमारी मृत्यु का कारण कौन मानेगा ?

शोकगीत : तीन

दोस्तों से बात करते बार बार रुँध रहा है मेरा गला
और याद आ रही है वह दुपहर जब
तुम एकाएक रो पड़े थे
और बैठ गए थे न्यू मार्केट की फुटपाथ पर
इस तरह भावुक होना हमारे संबंधों में नहीं था

हमने ओढ़े थे फक्कड़ी के बाने
हमारी ज़िद थी अपने दुख को
किसी से न कहने की
हमने हर बार दिखना चाहा
बेहद बेहद लापरवाह

हमारी घुटन और निर्वासन का न कोई साक्षी था
न हमारे दुख का कोई हिस्सेदार
हम खुद भी नहीं थे
एक दूसरे के दुख में बहुत ज़्यादा शामिल

हमें जैसा दिखना था
उसमें हमारा रोना शामिल नहीं था

मैं बचा रहा हूँ अपनी आँखें
और खखार कर बार बार साफ़ कर रहा हूँ अपना गला
और तुम...

तुम कूच कर गए हो सामना करने की
हर ज़हमत से बाहर।

अब यवनिका गिरती है

[युवा रंगकर्मी संजीव दीक्षित की स्मृति में]

अब यवनिका गिरती है !

जीवन के रक्त परिणय में कुल्हाड़े लिये
हत्यारों से बचते बचते
मृत्यु की चुड़ैल के हाथ पड़ गया है वह

कुछ नहीं हो सकता अब
आगे के दृश्य में उसका लौटना संभव नहीं
आगे के संवाद हमें अकेले ही बोलने होंगे
कोई 'क्लू' नहीं देगा वो
उसकी जगह ख़ाली रहेगी आगे के दृश्य में

मृत्यु की चुड़ैल उसे अपनी हरी शाल में छिपाकर ले गयी है
चाँद आएगा और उसे ढूँढ़ेगा इधर उधर
कान लगा कर टोह लेगा उसकी पदचापों की
कहीं से नहीं आएगी उसकी आवाज़
कहीं नहीं होगी उसकी परछाईं !

स्थिर चित्रों में क़ैद हो गई हैं उसकी सारी गतियाँ
अपनी टॉपों से गुँजाते सारा जंगल घोड़े गुज़र रहे हैं
चौकन्ना सा दौड़कर चारों ओर देखता हुआ
वो नहीं है

उसकी अनुपस्थिति में अब दृश्य को खींचना संभव नहीं

दर्शकों के बीच बैठा एक छोटा बच्चा पूछता है :
पापा कब आएँगे ?
एक स्त्री पल्लू में अपने आँसू छिपा रही है

मेरा एक दोस्त चला गया है नहीं लौटने के लिए
अब यवनिका गिरती है !

21.10.93

[लोर्का के नाटक 'ब्लड वेडिंग' (रक्त परिणय) में संजीव ने महत्त्वपूर्ण भूमिका निभाई थी।]

चित्र में लड़की की उम्र

जब उस लड़के ने चित्रकला विद्यालय की
स्नातकोत्तर कक्षा में प्रवेश लिया
तो उसी विद्यालय में उसी साल एक लड़की आयी
जिसका नाम मैगी फर्नान्डीस था
वो लड़के से दो साल बड़ी थी
स्कूल के दफ़्तर में जाकर उसने आवेदन पत्र में
लड़की की जन्म तिथि देखी थी

मैगी हर इतवार को वोडहाउस चर्च में प्रार्थना के लिए जाती थी
लड़का हालाँकि नास्तिक था लेकिन वो भी प्रार्थना के लिए जाने लगा
वो लड़की के बगल में खड़ा होकर उसके बालों की खुशबू लेता रहता
मैगी के पिता रेल के कोई अधिकारी थे
और मैगी चर्च गेट रेलवे कालोनी के एक मकान की ऊपरी मंज़िल पर रहती थी
उस मोहल्ले में कुत्ते बहुत थे और बहुत ज़ोर से भौंकते थे

हालाँकि इस बात का कोई ख़ास मतलब यहाँ नहीं है
पर यह दूसरे महायुद्ध के समय की बात है
और हिटलर के बारे में भयानक ख़बरें आती रहती थीं
लड़का हिटलर से उतना भयभीत नहीं था
जितने मोहल्ले के कुत्तों से था
जो संख्या में बहुत ज्यादा थे और बहुत ज़ोर से भौंकते थे

लड़ाई के कारण तब अधिकांश मकान खाली हो गये थे
लड़का वहीं से मैगी को आते जाते, गुसलख़ाने में घुसते

और कपड़े उतारते हुए देखता था

एक रात की बात है
मैगी जब बत्ती बंद करके अपने बिस्तर में घुस चुकी थी
लड़का उसके मकान के पास से गुज़रा
एक सिपाही ने मटरगश्ती करने के आरोप में लड़के को धर दबोचा
सारी रात लड़का हिरासत में पड़ा रहा
उस छोटी सी कोतवाली में
सारी रात उसे मच्छर और खटमल काटते रहे
मैगी के पिता की गवाही पर कि लड़का लड़की से मिलने आया था
लड़के को दूसरे दिन छोड़ दिया गया
हालाँकि इस बीच कोतवाली की उस सीलन भरी कोठरी में पले
मच्छरों और खटमलों ने उसका बहुत खून चूस लिया था
एलेकज़ेण्डर ड्यूमा के उपन्यासों में लड़के ने जिन जेलों के बारे पढ़ा था
उस कोतवाली की कोठरी उससे भी बदतर थी

लड़का सिर्फ़ सत्रह साल का था
आफतें इसलिए उसे डिगा नहीं सकती थीं
इस दुस्साहस का लेकिन एक फ़ायदा हुआ
वो बात जो लड़का इतने दिनों में भी मैगी से नहीं कह सकता था
वो बात मैगी को पता चल गई
और मैगी आसपास की खिड़कियों के बारे में सतर्क हो गई
कुछ दिनों बाद मैगी को भी इस खेल में मज़ा आने लगा
अब वो जब आईने में अपने को देखती
तो आईने में दिखती आसपास के मकानों की खिड़कियों को भी
कनखियों से देख लेती थी
और जब वो जान जाती थी कि लड़का
किसी खिड़की से ताक रहा है
तो कई बार वह अपने कंधे से कपड़े को इस तरह गिर जाने देती
जैसे वो नहीं जानती हो कि कोई उसे देख रहा है
आत्ममुग्धता भी थी इसमें और आत्मप्रदर्शन भी
प्रेम का अँखुआ अभी फूटा नहीं था

लड़का एकाएक एक दिन बीमार पड़ गया
और उसे इलाज के लिए अपने पिता के पास दूसरे शहर जाना पड़ा

फिर कई दिन बीत गए
फिर कई मास बीत गए
फिर कई साल बीत गए

कई बरस बाद लड़का एक बार फिर उसी शहर आया
लड़की का ब्याह हो चुका था
वो अपने पति के साथ दुबई चली गयी थी
उसके दो बच्चे भी थे
एक दिन लड़का मैगी के पिता के यहाँ गया
तो मैगी की माँ ने लड़के को मैगी का एक चित्र दिखाया
चित्र में मैगी अभी भी उसी उम्र में ठहरी हुई थी
जिस उम्र में लड़के ने मैगी से प्यार किया था

समय चित्र में बैठी लड़की की शक्ल नहीं बदल पाया था !

10.11.98

[फ्रांसिस न्यूटन सूजा के एक संस्मरण पर आधारित]

उसकी जीत

पन्द्रह बरस पहले तीन अप्रैल की एक गर्म सुबह
उसने आत्महत्या कर ली

उसका क़द हम सबसे छोटा था
पर वो सबसे ज़्यादा दिखता था हम लोगों के बीच
वो हर बार जीतता रहा, मैं हारता रहा उससे हर बार

उसके पाँव जब ठीक से पैडल तक भी नहीं पहुँचते थे
उसने साइकिल चलाना सीख लिया
वो सारे लड़कों की अंटियाँ जीत लेता और उन्हें बजाता घूमता
पूरे स्कूल में
हम जब तक किसी लड़की के बारे में सोचते
वो जाकर उससे दोस्ती कर आता
क्लास रूम से भागने के लिए मास्टर साब की पीठ घूमने का
जब तक हम इंतज़ार कर रहे होते
वो बाहर निकल चुका होता
हमारे बाहर आने से पहले वो सिनेमा हॉल पहुँच चुका होता

उसने हम सबसे पहले सिगरेट पीना शुरू किया और शराब भी
स्त्रियों के बारे में वो हम सबसे ज़्यादा अनुभवी था
उसने बढ़ चढ़कर सट्टा खेला
उसने हमेशा बड़े बड़े दाव लगाये
वो हम सबसे पहले दुनिया छोड़कर चला गया

वो मेरा हम उम्र ही था
आईने में आज जब अपने पके हुए बाल और
आँखों के नीचे बढ़ रही कालिख को देखता हूँ और सोचता हूँ
कैसा लगता अगर वो होता इस समय ?
पर कोई कल्पना साथ नहीं देती
हर बार वो ही चेहरा आ जाता है आँखों के सामने
जो पन्द्रह बरस पहले था उसका चेहरा

समय से नहीं हारती उसकी उम्र
वो एक बार फिर जीत जाता है !

6.4.98

समय के स्वप्न की चीख़

चाँद के नीचे अपनी परछाईं में खड़े पेड़ के तने से
एक नाव बँधी है

मछुआरे अपने घरों की ओर जा चुके हैं
दूर ताड़ की छत वाली झोंपड़ियों से धुआँ उठ रहा है
फ़क़त लहरों की धीमी और तेज़ होती आवाज़ें हैं
नाव की आड़ में एक लड़की खड़ी है अकेली
उसे किसी का इंतज़ार है

लहरों को देखती लड़की सोच रही है
अभी एक घुड़सवार आएगा लहरों से निकल कर
घोड़े की अयालों से टूटकर बिखरेंगे पानी के मोती
लेकिन लड़की की पीठ पर बढ़ते अँधेरे से निकल रहे हैं
कुछ ख़ूँखार अश्वारोही लड़की के सपनों पर घात लगाये
बढ़ी आ रही है समुद्र की एक हिंसक लहर
और कटती जा रही है लड़की के पाँव के नीचे से रेत
धँसते जा रहे हैं लड़की के पाँव

दूर से आती है एक आवाज़...
कितनी बार कहा रात समुद्र के किनारे मत जा...!

इसके बाद का सारा दृश्य अँधेरे में डूब गया है
सिर्फ़ एक चीख़ है
जो दूर तक हवा को चीरती जाती है

यह लड़की की नहीं
हमारे समय के स्वप्न की चीख़ है...
अँधेरे में डूबती हुई !

2.5.94

रेस्त्राँ में इंतज़ार

वो जिससे मिलने आई है अभी तक नहीं आया है
वो बार बार अपना पर्स खोलती है और बंद करती है
घड़ी देखती है और देखती है
कि घड़ी चल रही है या नहीं
एक अदृश्य दीवार उठ रही है उसके आसपास
ऊब और बेचैनी के इस अदृश्य घेरे में वह अकेली है
एकदम अकेली
वेटर इस दीवार के बाहर खड़ा है

वेटर उसके सामने पहले ही एक गिलास पानी रख चुका है
धीरे धीरे दो घूँट पानी पीती है
और ठंडे गिलास को अपनी दुखती हुई आँखों पर लगाती है
वो रेस्त्राँ के बाहर लगे पेड़ों के पार
देखने की कोशिश करती है
पेड़ जैसे पारदर्शी हों !
अदृश्य दीवार के बाहर खड़ा वेटर असमंजस में है
आर्डर लेने जाए या नहीं

जीवन की न जाने कितनी आपाधापी के बीच से
चुरा कर लाई थी वो इस समय को
जो धीरे धीरे बीत रहा है

उसने अपनी कुर्सी को घुमा लिया है
प्रवेश द्वार की ओर पीठ करके बैठ गई है

जैसे उम्मीद की ओर

वो सुनती है कहीं अपने अंदर बहुत धीमी
किसी चीज़ के दरकने की आवाज़ !

दृश्य और बिम्ब

एक सिनेमा घर के सामने छूटी हुई जगह में
एक नए मॉडल की चमचमाती कार
एक विकलांग बच्चे को डरा रही है

कार धीरे धीरे आगे सरक रही है
और डरता, घबराता, गिरता पड़ता
उल्टे पाँव दौड़ने की कोशिश कर रहा है
बच्चा

ड्राइवर मुस्कुरा रहा है
और आसपास खड़े तमाशबीन अंदर ही अंदर डर रहे हैं
तरस खा रहे हैं
पर हँस रहे हैं

यह एक दृश्य है
जो हमारे समय के बिम्ब में बदल रहा है !

6.11.97

खिसियानी हँसी

आततायी आते हैं और जीत लेते हैं

दुर्बल झुक कर स्वीकार लेते हैं अपनी पराजय
जो मारे जाते हैं गाथाएँ बन जाती हैं उनकी
और आदमी को मारने जितना आसान नहीं
गाथाओं को मारना !
बचे हुए दुर्बल लोग अपनी कला से कौशल से
धीरे धीरे जीत लेते हैं मालिकों का मन
एक दिन वे मालिकों की कमज़ोरी बन जाते हैं
एक दिन उनकी आदत पड़ जाती है मालिकों को

एक दिन आता है जब मालिकों के हावभाव
गुलामों की तरह होते जाते हैं
एक दिन मालिकों का चेहरा दिखने लगता है
अपने गुलामों की तरह

एक दिन आततायियों की क्रूरता लगने लगती है हास्यास्पद
एक दिन उनका गुस्सा लगता है बहुत निरीह
एक दिन उनके चिल्लाने पर
गुलाम मुस्कुरा देते हैं

एक दिन आततायी अपनी असहायता को छिपाते हैं
एक खिसियानी हँसी में !

23.8.97

हिटलर की चित्रकला

यह उन्नीस सौ आठ में उन दिनों की बात है
जब हिटलर ने पेन्सिल से एक शांत गाँव का
चित्र बनाया था
यह सन् उन्नीस सौ आठ में उन दिनों की बात है
जब दूसरी बार वियना की कला दीर्घा ने
चित्रकला के लिए अयोग्य ठहरा दिया था
हिटलर को

उस छोटे से चित्र पर हिटलर के हस्ताक्षर थे
इसलिए इंगलैण्ड के एक व्यवसायी ने जब
नीलाम किया उस चित्र का
जिसका आकार सिर्फ़ एक पोस्टकार्ड के बराबर था
और जो पेन्सिल से बनाया गया था
तो बिका वो पूरे सात हज़ार ब्रिटिश पौण्ड में।

क्या यह उस साधारण से चित्र की कीमत थी
क्या यह हिटलर के हस्ताक्षर की कीमत थी
जो किये गये थे उस चित्र के एक कोने पर
यह कीमत क्या उस बर्बर युद्ध ने पैदा की
जिसमें नहीं बचा कोई भी गाँव वैसा
जैसा उस चित्र में था
या जैसा रहा होगा कोई भी गाँव उस चित्र से पहले !

वियना की कला दीर्घा के फ़ैसले को
सही सिद्ध किया हिटलर ने
अपने सारे जीवन में

17.11.98

परछाईं

दीवार पर सीढ़ियों की परछाईं है
सीढ़ियों की परछाईं पर कुछ आदमियों की परछाइयाँ
ऊपर चढ़ रही हैं
एक दरवाज़े की परछाईं से
सीढ़ियाँ चढ़ कर आई परछाइयाँ
अन्दर दाख़िल हो रही हैं

कमरे की दीवार पर पड़ती मसहरी की परछाईं पर
एक और आदमी की परछाईं लेटी है
दरवाज़े से दाख़िल हुई परछाइयों में से
एक परछाईं जेब से चाकू निकाल रही है
दीवार पर पड़ती परछाईं के हाथ में
चाकू की परछाईं हिल रही है

दीवार पर एक घड़ी की परछाईं है
यह जो समय है
समय की परछाईं है
जो एक घड़ी की परछाईं से गुज़र रहा है

हत्या के इस दृश्य की परछाईं में
ख़ून की परछाईं गिर रही है

चीख़ की कोई परछाईं नहीं है !

11.9.98

जब तक मैं एक अपील लिखता हूँ

जब तक मैं एक अपील लिखता हूँ
आग लग चुकी होती है सारे शहर में
हिज्जे ठीक करता हूँ जब तक अपील के
कर्फ़्यू का ऐलान करती घूमने लगती है गाड़ी
अपील छपने जाती है जब तक प्रेस में
दुकानें जल चुकी होती हैं
मारे जा चुके होते हैं लोग

छप कर जब तक आती है अपील
अपील की ज़रूरत ख़त्म हो चुकी होती है !

दिसंबर 92

बर्बर सिर्फ़ बर्बर थे

बर्बर सिर्फ़ बर्बर थे
अपनी बर्बरता के लिए उनके पास कोई तर्क नहीं था
बर्बर सिर्फ़ बर्बर थे
उनके पास किसी धर्म की कोई ध्वजा नहीं थी
बर्बर सिर्फ़ बर्बर थे
उनके पास भाषा का कोई छल नहीं था
नहीं थे उनके पास दुख या पश्चात्ताप जैसे शब्द
बर्बर सिर्फ़ बर्बर थे

हम उन्हें कई युग पीछे छोड़ आए !

दिसंबर 92

एक शैतान से मुलाकात

वहाँ चायघर में कोने की कुर्सी पर बैठा था अकेला
शैतान सिगरेट पीता हुआ बहुत उदास सा
चाय का प्याला उसके सामने रखा था
और उससे भाप उठ रही थी
इबलीस के किस्सों से वाकिफ़ आदमी के लिए
बहुत अजीब था इस तरह किसी शैतान से मिलना
जिस तरह मैं उससे मिला

उसने कहा मैं बहुत अकेला हो गया हूँ और थक गया हूँ
तुम्हें नहीं लगता कि मैं लगभग हास्यास्पद और निरीह हूँ
अब तो कोई बच्चा भी नहीं डरेगा मेरे कारनामों से
एक जोकर या खिलौने से ज्यादा नहीं है अब मेरी औक़ात
मुझे लगता है मैं बहुत पिछड़ा हुआ शैतान हूँ
यह दुनिया मेरी करतूतों से कहीं बहुत आगे निकल चुकी है

कभी कभी मैं अपने पुराने कामों के बारे में सोचता हूँ
तो खुद पर हँसी आती है
बहुत बचकाने लगते हैं अब वो पुराने कारनामे
कभी कभी मुझे ताज्जुब होता है अपने आप पर
क्या वो मैं ही था
जिससे देवता तक पनाह माँगते थे

मुझे लगता है सारे देवता भी मेरी ही तरह
बहुत पिछड़े हुए रहे होंगे

उठते उठते उसने कहा :
अब तुम ही देखो
पहले का वक़्त होता तो क्या कोई पसन्द करता
इस तरह चाय पीना मेरे साथ !!

17.4.96

ऐसा होता तो नहीं

साँप गुंजलक में बाँधे है चील को
शेर खरगोश की पालकी ढो रहा है
ऐसा होता तो नहीं है पर हो रहा है

बिना दाँतवाले दाँतवालों पर हँस रहे हैं
आँखवाले अंधों के करिश्मे में फँस रहे हैं
हमारे समय की उलटबाँसी है यह
जो खो रहा है कहता है वो हो रहा है
हो रहा है

ग़लत है सरासर यह सोचना कि जो विजयी है वही श्रेष्ठ है
बर्बरों ने ही अक्सर जीता है सभ्यताओं को
उल्टी घूम रही हैं घड़ी की सूइयाँ
सदी का अंत कुछ पिछली सदियों को ढो रहा है
ऐसा होता तो नहीं है पर हो रहा है

विक्षिप्त विजयोल्लास में ढिंढोरचियों का महादल गा रहा है
हर चीज़ का अंत करता सदी का अंत आ रहा है
चूहा चीते से पंजा लड़ा रहा है
ऐसा होता तो नहीं है पर हो रहा है

देश अपनी अस्मिता खो रहा है !

5.7.95

सुकवि की मुश्किल

कैसे बर्दाश्त कर पायेगा सुकवि
कि कोई दूसरा कवि लिख डाले
एक अच्छी कविता

सिर धुन डालेगा, बालों को नोंच लेगा
रो पड़ेगा सुकवि
अगर लिखी जाने लगें बहुत सारी
अच्छी कविताएँ
उसके आसपास

अनन्त है ! अनादि है ! अनश्वर है !
ईर्ष्या

उम्मीद नहीं ! अब कोई उम्मीद नहीं इस जीवन में
हाय ! निरर्थक गई उसकी सारी साधना
किस उम्मीद से जन्म लिया था उसने
कविता की इस वसुन्धरा पर
पर सब व्यर्थ
यहाँ तो भीड़ लगी है कवियों की

बड़ी मुश्किल से अपने को सँभालेगा सुकवि
जाग्रत करेगा अपनी सरस्वती
ढूँढ़ ढूँढ़ कर खोज निकालेगा सारे छिद्र
ध्वस्त कर डालेगा हर अच्छी कविता को

जो उसने नहीं लिखी

चैन से नहीं बैठेगा वह
पी डालेगा दर्जन भर सिगरेटें और काली चाय

आपने समझ क्या रखा है उसे
बड़ी मुश्किल से किसी कविता को वह कहेगा 'अच्छा'
और अगर भूल से कहीं निकल गई 'वाह'
तो मरोड़ होने लगेगी उसके पेट में

वह टालेगा, समकालीनों पर
नहीं देगा अपनी राय
विदेशी कवियों के बारे में बतियाएगा
हर वक़्त

समझ नहीं पाएगा कोई
सुकवि की मुश्किल।

मार्च 1985

किसी दूसरे मुल्क और किसी और वक़्त के बारे में

मैं अपने नहीं किसी दूसरे मुल्क के बारे में बात कर रहा हूँ
और किसी और वक़्त के बारे में
जो मेरा नहीं है

हालाँकि यह भी अजीब इत्तिफ़ाक़ है कि मैं उसी मुल्क में पैदा हुआ
मेरी सारी तालीम वहीं हुई और वहीं मैंने कई नौकरियाँ कीं
मेरे बाबा दादा और पड़दादा का भी वहीं अन्तिम संस्कार हुआ
और वहीं नदियों में सिराये गए उनके फूल
मैंने जीवन में कोई दूसरा मुल्क नहीं देखा इसके सिवा
लेकिन यह एक अजीब बात थी कि इसका चेहरा
उस मुल्क से बिलकुल नहीं मिलता था
जिसमें मेरा बचपन बीता और जिसके बारे में स्कूल की किताबों में
हमें सबक पढ़ाया गया
जिसके बारे में हमने गीत गाये
जिसकी गलियों में हमने प्रेम किया और पूरी उम्र
बिता देने के सपने देखे

यक़ीन करें मैं जिस मुल्क के बारे में बात कर रहा हूँ
और जिस वक्त के बारे में
उससे इसका चेहरा बिलकुल नहीं मिलता

हालाँकि मैं जिस वक्त के बारे में बात कर रहा हूँ
और जिस मुल्क के बारे में
उसमें तर्क करने की पूरी आज़ादी थी

बशर्ते कि वह शासक के बारे में न हो और अगर हो
तो उसके पक्ष में हो और अगर उसके ख़िलाफ़ हो
तो कमरा बन्द हो और एकदम खाली हो
दीवारों के भी कान होते हैं ऐसा कहा जाता था
बावजूद इसके दीवारों से सब कुछ कहने की आज़ादी थी
और यह एक बहुत बड़ी नियामत थी

खुश रहने और सुरक्षित रहने का सबसे आसान तरीक़ा यह था
कि हवा के रुख़ पर मुण्डी हिलाने वाले हरे भरे दरख़्त में
बदल लें आप अपने आपको

मैं एक बार फिर बता दूँ कि यह क़िस्सा जो मैं बयान कर रहा हूँ
वह ऐसे मुल्क और एक ऐसे वक़्त के बारे में है
जो मेरा नहीं था
लेकिन यह अजीब इत्तिफ़ाक़ था कि मैं उसी मुल्क का था
और उसी वक्त में रहना पड़ा मुझे !

1.9.99

क्यों रोई वो इतने बरस बाद

सारा गाँव उसे अब बेंडी किसनी के ही नाम से पुकारता था
कि उसका पागल होना जोड़ दिया गया था उसके नाम में
कि जैसे वह उसके नाम का ही हिस्सा हो

वो किसना की औरत थी
इसलिए किसनी तो उसे पहले से ही कहा जाता था
गाँव में ऐसा ही रिवाज़ था कि औरतों के नाम
उनके पतियों के नाम या पदनाम बिगाड़ कर बिना लिये जाते थे
डाक्टर की बीवी डाक्टरनी और कलेक्टर की कलेक्टराइन कहलाती थी
बेंडी किसनी का असल नाम अब कोई नहीं जानता था गाँव में
और उसे तो न अपने नाम की सुध थी न अपनी देह की

गाँव चारों ओर से विंध्याचल की पहाड़ियों से घिरा था
एक पहाड़ी पर किला था
और उसी से बेंडी किसनी की दुश्मनी थी
किला गाँव की हर गली से नज़र आता था
बेंडी किसनी की नज़र जब भी किले की तरफ़ उठ जाती
वो मुँह उठाकर गालियाँ बकने लगती
और थूकने लगती ज़ोर ज़ोर से
मुँह पर गिरे थूक के छींटों को
कभी कभी वो पल्लू से पोंछ लेती
कभी कभी बेखबर बनी रहती उनसे
धूप थूक के छीटों से गुजरती तो सतरंगी हो जाती

□□

किला था तो किले में महाराज विक्रम सिंह रहते थे
और उनकी कोई औलाद नहीं थी
बड़ी उम्र में एक लड़के को गोद लिया था उन्होंने
और ऊँची तालीम के लिए दूर शहर में रख छोड़ा था
राजा थे तो राजाओं की तरह शिकार का शौक था विक्रम सिंह को
और रियासत के जंगलों में शेर भी इफ़रात में थे
लोग दबी जबान से कहते थे
कि औलाद पैदा नहीं कर पाते
तो जंगल जंगल भटकते फिरते हैं महाराज
शिकार खेल कर अपनी मर्दानगी बघारते हैं
सच्चाई जो हो सो हो
पर विक्रम सिंह ने मारे थे पूरे निन्यानबे शेर
कई शेर मसाला भरकर तैयार करवाए थे
भूसा भरे शेर इतने जिन्दा से लगते थे
कि देखकर फुरफुरी दौड़ जाती थी सारे बदन में
हालाँकि उनकी आँखों में अब कोई लपक नहीं थी
शेरों के कुछ सिर दीवारों पर लटके रहते थे
और कुछ की खालें कालीन की तरह बिछी रहती थीं बैठकखाने में
कहते हैं सौ का आँकड़ा पूरा करने की बड़ी हसरत थी महाराज को
आँकड़ा पूरा हो जाता तो सबसे ज्यादा शेर मारने का
कोई सा तो भी खिताब मिल गया होता उन्हें

काम धंधे इतने कम थे रियासत में
कि बातें बनाने का धंधा चलता था पूरे ज़ोर शोर से

औलाद के लिए न जाने कितने धत्‌करम किये महाराज ने
आधा दर्जन तो शादियाँ कीं
जड़ी बूटियाँ और किसम किसम की दवाएँ खायीं
गंडे ताबीज़ बाँधे, मन्नतें मानी, यज्ञ और उपवास किये
पर औलाद का मुँह देखना उनकी क़िस्मत में नहीं था

सो नहीं हुआ
यूँ भी खत्म हो चुकी थीं रियासतें और रियासतों के अधिकार

मुँह थे तो बातें थीं और बातें थीं
तो गाँव में सबसे ज़्यादा बातें महाराज के बारे में थीं
कुछ मानते थे कि बेंडी किसनी की बद्दुआ लग गयी महाराज को
कुछ कहते थे कि वो एक शेरनी की हाय थी
कहते हैं एक दिन शिकार से जब वापस लौटे विक्रम सिंह
तो किसी शेरनी के दो नवजात बच्चों को उठा लाये अपने साथ
एक ने तो बामुश्किल रात काटी और सुबह होते होते मर गया
पर दूसरे को जंज़ीर डाल कर साथ रखते थे महाराज
इस तरह कुत्ता पालने वालों से वो अलग दिखते थे
लोग मन ही मन मुस्कुराते थे
और शेरनी के बच्चे की क़िस्मत पर तरस खाते थे

□□

किसी किसी दिन तो सुबह से ही बेंडी किसनी के सिर पर
धुन सवार हो जाती थी
किसी किसी दिन कोई मनचला उसे सुबह से ही छेड़ देता था
ऐसे दिन तो बस दिन भर चुन चुन कर किले के लिए
गन्दी गन्दी गालियाँ निकालती रहती थी बेंडी किसनी
न जाने किस किसकी ठठरी निकाल देती
न जाने किस किसका दीया बाल आती मसान में
शाम होते होते अक्सर ही गुमसुम सी हो जाती थी बेंडी किसनी
बड़े महादेव के सूने रास्ते में बनी बावड़ी की मुँडेर पर
वो घंटों बैठी रहती थी हर शाम
मुँह ही मुँह में न जाने क्या बुदबुदाती
बातें करती रहती थी किसी अदृश्य पात्र से
बौरा चुके लोगों के दुख को समझने की कोई भी प्रविधि
नहीं थी हमारे पास
बेंडी किसनी का आदमी किले पर काम करता था

विक्रम सिंह कोस भर दूर दूसरी पहाड़ी पर बने महादेव के मन्दिर के
कुण्ड का ही पानी पीते थे
दो पहाड़ियाँ नाप कर पानी लाने का काम किसना के ही जिम्मे था
अपनी काँवर में पानी से भरे घड़े रखे मन्दिर से किले तक
किसना हर दिन चार चक्कर लगाता था

जीते जी चार क़िस्से चाहे न बनें
पर मरने के बाद क़िस्सों की कोई कमी नहीं
जब तक एक क़िस्सा कहा जाता
दूसरा अँकुराने लगता

क़िस्सा था तो कहा भी जाता था कि एक दिन किसना किले में
चोरी करते पकड़ा गया
और दूसरे दिन सुबह होते होते उसने आँखें नटेर दीं
जो जानते थे वो चुप लगाये थे
और जिन्होंने कुछ नहीं देखा वो चश्मदीद गवाह की तरह बोलते थे
कहा जाता था कि किसना की सारी देह पर नील पड़े हुए थे
जब उसे घर लाया गया
क़िस्सा था तो कहा जाता था और इस तरह
क़िस्सा एक और भी था
जिसे रस ले लेकर फुसफुसा कर सुनाया जाता था
और उसे जितनी बार सुनाया जाता था
उसमें कुछ न कुछ और जुड़ जाता था
क़िस्से में नौन मिर्च मिलाने में पैसा नहीं लगता था
कहा जाता था कि किले में जो एक बहुत बड़ा गुसलखाना था
वहाँ रानियाँ नंगी होकर नहाती थीं
और झरोखे में बैठकर महाराज उन्हें देखते थे नहाते हुए
गुसलखाने की दीवार पर आदमक़द से भी बड़े आईने थे
जिनमें अलग अलग कोण से दिखती थी रानियों की देह

वहीं उसी गुसलखाने के किसी दरवाज़े की किसी संध से एक दिन
ताक झाँक करता पकड़ा गया किसना

अब सरेआम ऐसा इल्ज़ाम लगाते तो कितनी बदनामी होती
उन रानियों की
कहते हैं इसीलिए चोरी का इल्ज़ाम लगा कर मरवा दिया बिचारे को

बात थी तो उसमें कोई न कोई बात ज़रूर रही होगी
बहरहाल बात जो हो सो हो
पर बड़ी कोशिश की गयी उस दिन किसनी को रुलाने की
लाश का मुँह भी दिखाया गया उघाड़ कर
पर एक आँसू भी नहीं गिरा उसकी आँख से
एकटक देखती रही बस चुपचाप

इतने क़िस्से थे और इतनी तरह से सुनाये जाते थे
कि सच झूठ एक दूसरे के पीछे लुक छिप जाते थे
पता ही नहीं चलता था कि सच में कितना झूठ और झूठ में कितना सच है
किले की बातें थीं तो इतनी गोपनीय रखी जाती थीं
कि फैलते फैलते बातें अपनी काया से ज़्यादा फैल जाती थीं
गोपनीय बातों का यही मज़ा था
कि वो सच से ज़्यादा सच और झूठ से ज़्यादा झूठ
लगती थीं

दो

महाराज विक्रम सिंह जब मरे तो उनका गोद लिया बेटा बहुत छोटा था
और दूर शहर में तालीम हासिल कर रहा था
महाराज की शव यात्रा में आसपास दस गाँव के लोग शामिल थे
लेकिन किले की घाटी से उतर कर जैसे ही शव यात्रा
दाखिल हुई गाँव में तो देखते ही देखते एक बड़ा तमाशा
खड़ा हो गया वहाँ

बेंडी किसनी ज़ोर ज़ोर से गालियाँ बकती
बार बार चली आती थी महाराज की ठठरी के सामने

सिपाही बार बार धकिया कर उसे बाहर कर देते
पर वो बार बार घुस आती भीड़ में
रियासतों का दौर ख़त्म हो चुका था
और जनतन्त्र की पुलिस–मुलाज़िम थी सरकार की
राजे महाराजे उसके लिए वजीफ़ा पाने वाले लोग थे
तिस पर महाराज को जानने वाले जितने थे
बेंडी किसनी को जानने वालों की संख्या उनसे कम न थी
जब जब बेंडी किसनी भीड़ में घुसने की कोशिश करती
लोग इधर उधर खिसक कर उसके लिए जगह बना देते
लोगों को मज़ा आ रहा था इस तमाशे में
शासक के खिलाफ़ नफ़रत को चुटकुला बनते देर नहीं लगती

दुख का दिखावा ही दिखावा था और दिखावा इतना बड़ा था
कि कोई सचमुच की सिसकी अगर कहीं रही होगी
तो दब कर रह गयी होगी इस शोर में

तीन

कई घंटे दबा कर रखी गयी महाराज के मरने की खबर
किले से कोई अन्दर बाहर भी नहीं जा पाया उस पूरे वक़्फे में
कहा तो यहाँ तक जाता है कि महाराज के आसपास
उस समय जितने हकीम वैद्य नौकर चाकर और परिजन थे
सबको किले के ही एक कमरे में बन्द करवा दिया दीवान ने
गोद लिये बेटे को भी कोई खबर न लगे
इसका पक्का इंतजाम था
वह लड़का यूँ भी अभी नाबालिग था
महाराज की माँ जिन्दा थीं पर इतनी बूढ़ी हो चुकी थीं
कि किले में क्या चल रहा है से उनका कुछ लेना देना नहीं था
एक कोने में वो बैठी थीं चुपचाप और उदास
बीच बीच में अपना चश्मा उतार कर
आँखों की कोरों को अपने पल्लू से पोंछ लेती थीं

शेरनी का बच्चा अब बड़ा हो चुका था
किसी कोठरी से उसके गुर्राने की आवाज़ आती थी
बीच बीच में

□□

किले की कुटिलताओं और कर्मकाण्डों में ऐसा कुछ न था
जो अनहोना हो
करिश्मा था तो सिर्फ एक करिश्मा था उस दिन गाँव में
कि घोषणा होने से बहुत पहले जब किसी को भी
खबर नहीं थी पूरे गाँव में
बेंडी किसनी ने न जाने कैसे जान लिया था
कि महाराज गुजर गए...

सुबह से ही सारे गाँव में चिल्लाती फिर रही थी बेंडी किसनी
कि मर गया साला...बड़ा महाराज बना फिरता था...
जितनी गालियाँ उसे याद थीं बके जा रही थी धारा प्रवाह
बार बार उसका गला फँस जाता था
और खाँसी उसे झकझोर डालती
पर रुकने का नाम ही नहीं लेता था गालियों का प्रवाह
लोगों ने दो-चार बार डाँटा डपटा भी उसे
पर आज किसी के कहने में नहीं थी बेंडी किसनी

हैरत में पड़ गये लोग जब महाराज की मृत्यु की खबर आई गाँव में
हैरत थी कि कैसे जानी बेंडी किसनी ने
महाराज के मरने की खबर
सताने वाले और सताये गये के बीच न जाने
यह कैसा सम्बन्ध था
कि पहले ही भाँप लेती थी बेंडी किसनी
किले में होने वाली हर अच्छी बुरी बात को
किले के किस कोने में किस समय क्या हो रहा है
आँख बन्द करके बता सकती थी बेंडी किसनी
किसी भी वक़्त

□□

जब मुखाग्नि दी गयी महाराज को
तो सनाका छा गया एकाएक सारे मैदान में
ठिठक कर रह गये जिन्हें बन्दूकें दागनी थीं सलामी में
चिता के पास बैठी बेंडी किसनी धाड़ें मार मार कर रोती थी
उसके रोने से हवा काँप काँप जाती थी

क्यों रोती थी बेंडी किसनी कोई समझ नहीं पाता था
कौन सी सिल थी घृणा की
जो दरक गयी थी एकाएक

कोई नहीं पा सकता था बेंडी किसनी के मन की थाह

पता नहीं वह कैसी रुलाई थी
जो इतने बरस बाद फूट कर आई थी बाहर !

20.4.99

●●●